# TOP **10**
# KAPSTADT

PHILIP BRIGGS

D1618794

DORLING KINDERSLEY

Links **Two Oceans Aquarium** Mitte **Kunst, Greenmarket Square** Rechts **Weingut Boschendal**

EIN DORLING KINDERSLEY BUCH

www.dk.com

Texte *Philip Briggs*
Fotografien *Tony Souter*
Gestaltung & Recherche *Quadrum Solutions,
Krishnarnai, 338, Sir Pochkanwala Road,
Worli, Mumbai, India*

**Aktualisierte Neuauflage 2011/2012**

Programmleitung *Dr. Jörg Theilacker,
Dorling Kindersley Verlag*
Übersetzung *Birgit Walter, Augsburg*
Redaktion *Gerhard Bruschke, München*
Schlussredaktion *Birgit Lück, Augsburg*
Satz & Produktion *Dorling Kindersley Verlag*
Lithografie *Colourscan, Singapur*
Druck *Leo Paper Products, China*

ISBN 978-3-8310-1669-3
1 2 3 4  13 12 11 10

Die Top-10-Listen in diesem Buch sind
nicht nach Rängen oder Qualität geordnet.
Alle zehn Einträge sind in den Augen des
Herausgebers von gleicher Bedeutung.

# Inhalt

## Top 10 Kapstadt

**Die Informationen in diesem
Top-10-Reiseführer werden regelmäßig überprüft.**
Wir haben uns intensiv bemüht, die Informationen in diesem Buch zum Zeitpunkt
der Drucklegung auf den neuesten Stand zu bringen. Angaben wie Telefonnummern,
Öffnungszeiten, Preise, Ausstellungen und Fahrpläne unterliegen jedoch Veränderungen.
Der Herausgeber kann für eventuell hieraus entstehende Schäden nicht haftbar gemacht
werden. Für Hinweise, Verbesserungsvorschläge und Korrekturen ist der Verlag dankbar.
Bitte richten Sie Ihr Schreiben an:
Dorling Kindersley Verlag GmbH
Redaktion Reiseführer
Arnulfstraße 124
80636 München
travel@dk-germany.de

Links **Kapholländische Architektur bei der Rhenish Church** Rechts **Clifton Beach**

Links **Strandhäuschen in False Bay, Kap-Halbinsel** Rechts **Surfer vor der Küste von Kapstadt**

*Kapstadt im Internet* **www.capetown.gov.za**

# TOP 10
# KAPSTADT

TOP 10 KAPSTADT

# TOP 10 Highlights

*Besucher der Region werden Sir Francis Drakes Beschreibung als »das schönste Kap des ganzen Erdballs« zustimmen. Kapstadt (Cape Town / Kaapstad) besticht durch seine traumhafte Lage zwischen dem hoch aufragenden Tafelberg und dem azurblauen Atlantik. Das mediterrane Klima verlockt zu Unternehmungen an der frischen Luft: Auf der Kap-Halbinsel gibt es Wanderwege, man kann die einheimische Tierwelt beobachten, die Weinregion erkunden und an unberührten Stränden entspannen. Die lebendige bunt-afrikanische Lebensart, der historische Reichtum und die beeindruckende koloniale Architektur Kapstadts bieten kulturell interessierten Reisenden zahlreiche Attraktionen.*

### Gardens **1**

Der von dem majestätischen Tafelberg überragte Park wurde 1652 von den ersten niederländischen Siedlern angelegt. Er beherbergt verschiedene Museen und Sammlungen *(siehe S. 8f).*

Kapstadt
(Cape Town /
Kaapstad)
*siehe Karte unten*

Milnerto

Clifton Bay

Pineland

Tafelberg **5**

Kirstenbosc
National
Botanical
Garden **6**

Constantia

Iziko
Groot Constantia **7**

Berg

Chapman's
Point

Muizenberg

Noordhoek

Kommetjie

Fish Ho

Glencairr

Simon's Town &
Boulders Beach **8**

Cape
Peninsula
National
Park

Cape of
Good Hope
Nature
Reserve **9**

### **2** V & A Waterfront & Robben Island

Das Areal bietet Cafés, ein pulsierendes Nachtleben und exzellente Shopping-Möglichkeiten. V & A Waterfront ist Ausgangspunkt für Ausflüge nach Robben Island *(siehe S. 10–13).*

### District Six Museum **3**

Das bewegende Museum dokumentiert die Vertreibung »nicht-weißer« Einwohner aus dem Stadtteil District Six im Zentrum Kapstadts in die abgelegenen Cape Flats *(siehe S. 14f).*

### **4** Iziko Castle of Good Hope

Die Festung aus den 1670er Jahren ist Südafrikas ältestes erhaltenes Gebäude. Die Anlage beherbergt mehrere Museen. Die Befestigungsmauer bietet Blick auf die Grand Parade – den Platz, auf dem Nelson Mandela 1990 nach seiner Haftentlassung begeistert gefeiert wurde *(siehe S. 16f).*

### 5 Tafelberg
Während der atemberaubenden Seilbahnfahrt auf den imposanten Tafelberg bieten sich dem Besucher viele herrliche Ausblicke über die Kap-Halbinsel und über die Weinregion *(siehe S. 18f).*

### 6 Kirstenbosch National Botanical Garden
Die in dem Park geschützte reiche Flora der westlichen Kapregion ist das ganze Jahr attraktiv. Besonders schön ist die Wildblumenblüte im Frühjahr *(siehe S. 20f).*

### 7 Iziko Groot Constantia
Groot Constantia, das älteste Landgut Südafrikas, ist für seine koloniale kapholländische Architektur berühmt. Das Anwesen ist von grünen Weinbergen umgeben *(siehe S. 22f).*

### 8 Simon's Town & Boulders Beach
In der verschlafenen Hafenstadt säumen herrliche viktorianische Fassaden die malerische False Bay. Die Pinguinkolonie am nahe gelegenen Boulders Beach ist eine beliebte Besucherattraktion *(siehe S. 24f).*

### 10 Stellenbosch
Die zweitälteste Stadt Südafrikas besitzt beeindruckende kapholländische Bauwerke. Darüber hinaus ist Stellenbosch als hervorragende Basis für die Erkundung der renommierten Weingüter der Kapregion bekannt *(siehe S. 28–31).*

### 9 Cape of Good Hope Nature Reserve
Im Süden der Halbinsel sind grasende Antilopen, freche Paviane und rosa blühende Proteas zu sehen. Der Leuchtturm auf einer Felsspitze bietet fantastische Aussicht auf Cape Point *(siehe S. 26f).*

# TOP10 Gardens

An der herrlich schattigen, grünen Oase im Zentrum Kapstadts liegen die bedeutendsten historischen Gebäude und Museen der Stadt. Jan van Riebeeck ließ den Garten 1652 wenige Wochen nach seiner Ankunft am Kap anlegen, um niederländische Schiffe mit frischem Gemüse zu versorgen. Im 18. Jahrhundert hatte sich der Nutzgarten zu einem 18 Hektar umfassenden, weltbekannten botanischen Garten entwickelt, dessen Pflanzen nach Europa exportiert wurden. Heute verbringen Angestellte aus den umliegenden Bürogebäuden gern im »Company's Garden« die Mittagspause. Wilde Tauben und zahme Eichhörnchen bevölkern die weiten Grünflächen, die eine wunderbare Aussicht auf die schroffen Felsen des Tafelbergs bieten.

*Spazierweg im Rosengarten*

🕐 Sonntags sind einige Museen geschlossen. In National Gallery und South African Museum ist der Eintritt am Sonntag frei.

🍴 Gardens Tea Room beim Vogelhaus ist empfehlenswert.

• Karte P5 • Eingänge: Orange, Queen Victoria, Adderley, Wale & Hatfield Sts
• (021) 422 5956
• Garten: tägl. 7–19 Uhr; frei • South African Museum & Planetarium: tägl. 10–17 Uhr; Museum: Eintritt 20 R (Erw.), 5 R (Kinder); Planetarium: Eintritt 20 R (Erw.), 5 R (Kinder)
• Slave Lodge: Mo–Sa 10–17 Uhr; Eintritt 15 R (Erw.), 5 R (Studenten, Senioren) • Nat. Gallery: Di–So 10–17 Uhr; Eintritt 15 R (Erw.), 5 R (Studenten; Kinder unter 6 J. frei); www.iziko.org.za

## Top 10 Parkidylle

1 Iziko Slave Lodge
2 St George's Cathedral
3 Haupteingang
4 Statue von Rhodes
5 Vogelhaus & Slave Bell
6 Hain
7 Rosengarten
8 Delville Wood Memorial
9 Iziko South African Museum & Planetarium
10 Iziko South African National Gallery

### 1 Iziko Slave Lodge
Der stattliche Bau von 1679 *(rechts)* diente einst als Massenunterkunft für Sklaven. Heute birgt er ein Museum über die Geschichte des Sklavenhandels.

### 2 St George's Cathedral
Die Anglikanische Kathedrale *(oben)* war in den 1980er Jahren Zentrum politischer Proteste und Schauplatz von Konflikten zwischen Demonstranten und Polizei. Die von Sir Herbert Baker gestaltete Krypta ist der älteste Teil des Gebäudes.

### 3 Haupteingang
Der ursprüngliche Haupteingang des »Company's Garden« entstand in den 1670er Jahren *(unten)*. Er wird von Slave Lodge und St George's Cathedral flankiert.

### 4 Statue von Rhodes

Bei der 1908 in Auftrag gegebenen Statue *(links)* symbolisiert der gen Norden erhobene linke Arm die Absicht des Politikers, Südafrika zur britischen Kolonie zu erklären.

### 5 Vogelhaus & Slave Bell

Gegenüber dem Gardens Tea Room leben Papagaien. Die Feuerglocke stammt vom Greenmarket Square.

### 6 Hain

Der Hain birgt einige der ältesten Bäume des Gartens wie eine Baumaloe und andere immergrüne Gewächse.

### 7 Rosengarten

Aus den Reben in dem Garten entstand der erste Wein des Kaps, die Niederländer stellten hier Rosenwasser her. In der Mitte steht ein Denkmal für AIDS-Opfer.

### 8 Delville Wood Memorial

Das 1930 enthüllte Mahnmal mit Skulpturen von Anton van Wouw und Alfred Turner *(oben)* gedenkt der im Ersten Weltkrieg im Wald von Delville in Frankreich gefallenen südafrikanischen Soldaten.

### 9 Iziko South African Museum & Planetarium

Die Villa (19. Jh.) im Süden des Parks *(links)* birgt naturhistorische Exponate, Felszeichnungen und prähistorische Artefakte. Das Planetarium daneben besitzt eine goße Kuppel.

### 10 Iziko South African National Gallery

Aus einem Nachlass (1871) von 45 Gemälden entstand das heute führende Kunstmuseum Schwarzafrikas. Neben den afrikanischen und europäischen Sammlungen werden Wechselausstellungen gezeigt.

## Erzbischof Desmond Tutu

Desmond Tutu, der erste schwarze Erzbischof Kapstadts, war Bischof der St George's Cathedral. In seiner Amtszeit war die Kirche wichtiges Zentrum der Anti-Apartheid-Bewegung. Nach Ende der Apartheid leitete der Friedensnobelpreisträger (1984) die Wahrheits- und Versöhnungskommission. Heute kämpft er gegen die Ausbreitung von AIDS.

*Vorführungen des Planetariums über die südliche Hemisphäre:*
*Mo – Fr 14 Uhr (Di auch 20 Uhr); Sa & So 12, 13 & 14.30 Uhr.*

# ⑩ V & A Waterfront

*Es gibt größere Shopping-Areale als die V & A (Victoria & Alfred) Waterfront, aber keine in solch malerischer Lage. Die von dem glitzernden Wasser des Atlantiks und den Ausläufern des Tafelbergs umgebene Waterfront (Mitte) ist Symbol für das nach Ende der Apartheid erstarkte Kapstadt und integraler Bestandteil der modernen Stadt. Nach der Eröffnung 1992 trug der Komplex entscheidend zum wirtschaftlichen Aufschwung des seit den 1960er Jahren strukturschwachen historischen Hafenviertels bei. Der Hafen ist heute noch in Betrieb. Die V & A Waterfront gilt als Südafrikas meistbesuchte Urlauber-attraktion. Sie bietet zahlreiche Restaurants, Hunderte von Läden und viele Sehenswürdigkeiten. Besuchern werden auch verschiedene Freizeitaktivitäten wie Tagesausflüge nach Robben Island (siehe S. 12f) angeboten.*

Two Oceans Aquarium

🧭 Der Ausblick auf den Tafelberg ist fantastisch. An der Waterfront tummeln sich viele Robben und Möwen.

🍴 Besucher haben die Wahl zwischen vielen Restaurants und Cafés *(siehe S. 68)*.

• Karte P2–Q2
• (021) 408 7600
• regelmäßige Busverbindungen von Stadtmitte & Sea Point
• Läden: Mo–Sa 9–21, So & Feiertage 10–21 Uhr
• www.waterfront.co.za
• Two Oceans Aquarium: Dock Rd; (021) 418 3823; tägl. 9.30–18 Uhr; Eintritt 88 R (Erwachsene), 42 R (Kinder; unter 4 Jahren frei, 68 R (Studenten & Senioren); www.aquarium.co.za

## Top 10 Hafenflair

1. Two Oceans Aquarium
2. Craft Market & Wellness Center
3. Nobel Square
4. Drehbrücke & Uhrturm
5. Nelson Mandela Gateway
6. Alfred Mall
7. African Trading Post
8. Victoria Wharf Shopping Mall
9. Vaughan Johnson's Wine & Cigar Shop
10. Hafenrundfahrt

### 1 Two Oceans Aquarium

Das Aquarium *(unten)* zeigt etwa 3000 Meeresbewohner. Hauptattraktionen sind die zahmen Pinguine und Austernfischer des »River Meander« und ein Becken mit Kelpwald und Fischen.

### 2 Craft Market & Wellness Center

Die über 120 Läden in Südafrikas größtem überdachten Handwerksmarkt bieten alles von afrikanischen Perlenarbeiten über Tarot-Sitzungen bis zu ganzheitlichen Wellness-Behandlungen.

### 3 Nobel Square

Neben der faszinierenden Skulptur Noria Mabasas nach Art der Makonde stehen lebensgroße Statuen der vier Friedensnobelpreisträger Luthuli, Tutu, de Klerk und Mandela *(unten)*.

➜ *Mit Extragebühr kann man im Two Oceans Aquarium in Haibecken tauchen: 380 R mit eigener, 485 R mit geliehener Ausrüstung.*

### 5 Nelson Mandela Gateway

An der Anlegestelle für Tagesausflüge nach Robben Island dokumentieren Multimedia-Ausstellungen die Geschichte der Insel.

### 4 Drehbrücke & Uhrturm

Den viktorianischen Uhrturm von 1882 erreicht man über eine Drehbrücke, die geschwenkt wird, wenn Schiffe den Kanal passieren *(oben)*.

### 6 Alfred Mall

An den Tischen der vielen Bars und Cafés vor dem umgebauten edwardianischen Lagerhaus *(links)* kann man bei einem Erfrischungsgetränk entspannt die fantastische Aussicht über den Hafen auf den Tafelberg genießen.

### 7 African Trading Post

Die Regale des Kunst- und Kuriositätenladens *(oben)* füllen hangefertigten Perlenarbeiten, original afrikanische Werke, T-Shirts sowie CDs regionaler Musikgruppen.

## Geschichte des Hafenviertels

Das Hafenviertel entwickelte sich im 19. Jahrhundert. 1860 stieß Prinz Alfred, Sohn von Königin Viktoria, einen Stapel Steine ins Meer und initiierte damit den Bau des Alfred Basin. Trotz umfangreicher Erweiterungen im Lauf der Zeit sind einige viktorianische Bauwerke an der Waterfront erhalten geblieben, so etwa die Pubs Ferryman und Mitchell's sowie die Breakwater Lodge.

### 9 Vaughan Johnson's Wine & Cigar Shop

Das breite Sortiment des Ladens *(oben)* enthält sowohl preisgekrönte Jahrgangsweine als auch erschwingliche eigene Produkte. Weinliebhaber werden sicher fündig.

### 8 Victoria Wharf Shopping Mall

In einer der größten Malls Südafrikas bieten zahlreiche Restaurants und die Kinos Art Nouveau und Nu Metro Stärkung und Entspannung nach dem Shopping.

### 10 Hafenrundfahrt

Die Veranstalter von Rundfahrten in der Table Bay, die an Quay 5 und North Wharf zu finden sind, bieten auch Bootstouren bei Sonnenuntergang an.

*Der Verkauf der V & A Waterfront an ein britisch-arabisches Konsortium 2006 gilt als größter getätigter Immobilienhandel Südafrikas.*

# TOP10 Robben Island

*Die Insel in der Table Bay ist das Alcatraz Südafrikas. Seit der Zeit Jan van Riebeecks diente sie als Verbannungsort. Der erste politische Gefange, der aufständische Kaufmann Autshumatom, wurde 1658 auf die Insel verbracht. In den 1760er Jahren saßen auf Robben Island 70 Häftlinge ein, darunter mehrere muslimische Führer. Heute ist Robben Island vor allem durch die Apartheid bekannt, da Robert Sobukwe, Nelson Mandela, Walter Sisulu, Govan Mbeki (der Vater Thabo Mbekis) und Jacob Zuma hier inhaftiert waren. Der letzte Gefangene verließ die Insel 1996. Heute ist Robben Island ein Museum.*

*Dorfkirche*

🕐 Planen Sie am Nelson Mandela Gateway mindestens 30 Minuten für den Museumsbesuch ein.

🍴 Auf der Insel gibt es keine Cafés, um die Anlegestelle an der Waterfront ist die Auswahl aber groß.

• Karte A2
• (021) 405 4500
• Abfahrt am Nelson Mandela Gateway, V&A Waterfront: bei gutem Wetter tägl. 9 Uhr, 11 Uhr, 13 Uhr, 15 Uhr; Dauer geführter Touren mit Rückfahrt: 3½–4 Std.
• Eintritt 180 R (Erwachsene), 90 R (Kinder); Online-Buchung empfohlen • www.robben-island.org.za

## Top 10 Attraktionen

1 Fahrt mit der Fähre
2 Dorf
3 Murray Bay
4 Kramat von Tuan Guru
5 Jan-van-Riebeeck-Steinbruch
6 Friedhof der Leprakranken
7 Robert Sobukwes Haus
8 Leuchtturm
9 Kalksteinbruch
10 Hochsicherheitsgefängnis

### 1 Fahrt mit der Fähre
Die 30-minütige Fahrt von der V&A Waterfront ist an windstillen, klaren Tagen besonders schön *(oben)*. Der Blick über die Table Bay ist fantastisch. Beobachten Sie die Delfine und Robben.

### 2 Dorf
In dem kleinen Dorf lebten früher die Gefängnisaufseher. Heute wohnen hier die Museumsangestellten. Eine der beiden Kirchen des Dorfes wurde 1895 aus Sandstein errichtet. Das andere, einer Garnison ähnliche Gotteshaus stammt aus dem Jahr 1841.

### 3 Murray Bay
Die in dem kleinen Hafen von Robben Island lebenden 140 000 Brillenpinguine *(links)* bilden die drittgrößte Kolonie dieser Seevögel in Südafrika. Häufig sieht man sie zusammen mit wilden Kaninchen, die die gesamte Insel bevölkern.

*Die Niederländer gaben der Insel im 17. Jahrhundert wegen der vielen Robben den Namen »Robbe Eiland«.*

### 4 Kramat von Tuan Guru

Erster Halt auf der Bustour über die Insel ist das Grab Tuan Gurus *(oben)*. Der islamische Geistliche war im 18. Jahrhundert auf der Insel interniert.

### 5 Jan-van-Riebeeck-Steinbruch

Van Riebeeck ließ im Süden der Insel blauen Schiefer abbauen, aus dem das Iziko Castle of Good Hope entstand. In dem Gebiet sind oft Buntböcke und Elenantilopen zu sehen.

### 6 Friedhof der Leprakranken

Von 1846 bis 1930 diente die Insel als Leprakolonie. Der Friedhof *(oben)* ist Zeugnis dieser Zeit.

### 8 Leuchtturm

Der Leuchtturm wurde 1865 auf dem Minto Hill *(oben)*, dem höchsten Punkt der Insel, erbaut. Zuvor waren Signalfeuer gebräuchlich.

### 7 Robert Sobukwes Haus

In diesem trist wirkenden Haus war Robert Sobukwe, der erste Präsident des Pan African Congress, inhaftiert.

### 10 Hochsicherheitsgefängnis

Die von einstigen Häftlingen geleitete Führung durch den Hochsicherheitstrakt ist ergreifender Höhepunkt eines Besuchs auf Robben Island. Sie beinhaltet einen Blick in Mandelas Zelle *(links)*. Außerdem sind Fotografien aus jener Zeit zu sehen.

### 9 Kalksteinbruch

Mandela war hier im Arbeitseinsatz. Bei einem Treffen 1990 errichteten ehemalige Häftlinge spontan einen Steinhügel.

### Nelson Mandela

Der 1918 geborene Nelson Mandela erhielt als erstes Mitglied seiner Familie eine schulische Ausbildung. Als er 1944 mit Oliver Tambo und Walter Sisulu die ANC Youth League gründete, begann seine politische Karriere. Eine 1956 gegen Mandela erhobene Klage wegen Hochverrats wurde nach vier Jahren verworfen. 1964 wurde er dennoch wegen Hochverrats gefangen genommen und auf Robben Island inhaftiert. 1990 kam Mandela frei, 1993 erhielt er den Friedensnobelpreis. 1994 wurde Nelson Mandela Staatspräsident Südafrikas, 1999 legte er dieses Amt nieder.

# TOP 10 District Six Museum

*Das 1994 eröffnete, preisgekrönte Museum wird von der Gemeinde unterhalten. Es gründet auf einem großen Bestand an Besitztümern, Fotografien und Erinnerungsstücken, die von den zwangsenteigneten Anwohnern des Viertels stammen. Zur Zeit der Apartheid (siehe S. 34) wurde der District Six durch den Group Areas Act zu einem Wohngebiet ausschließlich für Weiße umfunktioniert. Die Exponate des Museums lassen das ursprüngliche, von Menschen unterschiedlicher Rassen bevölkerte Viertel lebendig werden und vedeutlichen dessen Zerstörung durch das menschenverachtende Apartheid-Regime. Das wohl bewegendste der vielen Museen Kapstadts zeigt die schrecklichen Auswirkungen der von der Regierung propagierten Rassentrennung auf das alltägliche Leben der betroffenen Menschen.*

*Fassade des Museums*

🦎 Viele Township-Touren beginnen mit einem Kurzbesuch des Museums. Es lohnt aber, die vielen ergreifenden Exponate bei einem zweiten Aufenthalt ausführlich zu betrachten.

🍽 Das Museumscafé bietet preiswerte Imbisse. Mahlzeiten kann man in mehreren Restaurants in der Umgebung, z. B. im Café des Iziko Castle of Good Hope, *(siehe S. 16f)* zu sich nehmen.

• Karte Q5
• 25A Buitenkant St
• (021) 466 7200
• Mo 9–15 Uhr, Di–Sa 9–16 Uhr, So nach Anmeldung
• Eintritt 15 R (Erw.), 5 R (Kinder) • Führungen: Vorabbuchung
• www.districtsix.co.za

## Top 10 Ausstellungen

1. Handgemalter Stadtplan
2. Methodistenkirche
3. Wandpaneelen »Formation, Resistance, Restitution«
4. Nomvuyos Zimmer
5. Geschichte der Horstley Street
6. Tribut an den Langarm-Jazz
7. Friseurladen
8. Bloemhof-Wohnungen
9. Klangkuppeln
10. Little Wonder Bookshop

### 1 Handgemalter Stadtplan

In den Plan des Viertels zu dessen Blütezeit im Hauptsaal trugen einstige Bewohner den Standort ihrer Häuser vor der Zerstörung des Viertels ein *(Mitte)*.

### 2 Methodistenkriche

Das Museum ist in einem Weinladen untergebracht, der 1883 zur Buitenkant Methodist Church umgewidmet wurde. Die Kirche wurde geschlossen, da sie gegen die Apartheid Stellung bezog.

### 3 Wandpaneelen »Formation, Resistance, Restitution«

Die drei Wandpaneelen *(unten)* erzählen die Geschichte des District Six seit dessen Entstehung im Jahr 1867. Dabei sind Bilder mit Niederschriften historischer Ereignisse und Interviews mit einstigen Bewohnern kombiniert.

➜ *Videodokumentationen aus der Zeit der Apartheid*
**www.cvet.org.za**

### 4 Nomvuyos Zimmer

Das Zimmer, das der süd-afrikanischen Autorin Nomvuyo Ngcelwane zu-sammen mit ihren Eltern und drei Geschwistern vor der Vertreibung als Wohnung diente, wurde rekonstruiert *(unten)*.

### 5 Geschichte der Horstley Street

In dem Saal zur Ge-schichte der Horstley Street schrieben Anwohner Erin-nerungen auf den Mosaik- und Betonboden *(oben)*.

**Legende**

- Erdgeschoss
- Erster Stock

### 6 Tribut an den Langarm-Jazz

Körnige Fotos, zeitgenös-sische Aufnahmen und Schellackplatten von Swingbands wie den Heartthrobs stellen den spezifisch südafrikani-schen »Langarm-Jazz« vor, der in den 1930er bis 1950er Jahren im District Six gespielt wurde.

### 7 Friseurladen

Der Laden aus den 1950er Jahren ist eine charmante nostalgische Rekonstruktion. Zur voll-ständigen Einrichtung zäh-len zeitgenössische Wer-betafeln an den Wänden.

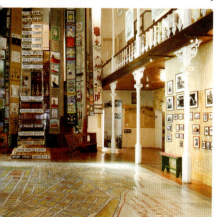

### 8 Bloemhof-Wohnungen

Hier sind ergreifende Fotos der mehrere Häu-ser umfassenden Wohn-anlage zu sehen, die an dem verkommenen Wells Square bestand. Die Fuß-ballmannschaft der Sied-lung war berühmt.

### 9 Klangkuppeln

Wenn Sie sich auf die eingezeichneten Fußab-drücke vor der vorderen Wand im ersten Stock stellen, hören Sie zehn verschiedene von ehe-maligen Bewohnern des District Six erzählte Ge-schichten.

### 10 Little Wonder Bookshop

Der kleine Buchladen *(rechts)* im Erdgeschoss bietet eine umfassende Auswahl an Literatur über das District Six und die zahlreichen weiteren Zwangsumsiedlungen, die während der Apart-heid angeordnet wurden.

**Zerstörung des District Six**

Kapstadts sechster Ver-waltungsbezirk entstand 1867 am Fuß des Devil's Peak. Einwohner waren freigelassene Sklaven, Farbige (Nachkommen aus Mischehen) und Ein-wanderer. 1901 wurden erstmals schwarze Be-wohner von der Polizei vertrieben, 1967 wurden 60 000 Menschen in die Cape Flats umgesiedelt. Nach Ende der Apart-heid händigte Mandela den ersten Rückkehrern die Wohnungsschlüssel persönlich aus.

*Nach den Vetreibungen 1967 wurden alle Wohnhäuser des District Six zerstört. 2003 begann der Wiederaufbau des Viertels.*

# ⓉⓄⓅ10 Iziko Castle of Good Hope

*Die zwischen 1666 und 1679 erbaute Festung ist die älteste Anlage dieser Art in Südafrika. Der markante Bau mit dem fünfeckigen Grundriss wurde aus Schiefer von Robben Island und aus Sandstein des Lion's Head, eines kleinen, zwischen dem Tafelberg und Signal Hill gelegenen Bergs, errichtet. Die ursprünglich direkt an der Table Bay positionierte Festung diente dem Schutz der heranwachsenden niederländischen Siedlung vor Angriffen von der Meerseite her. Nach Landgewinnungsmaßnahmen liegt die meerseitige Mauer nun etwa einen Kilometer vom Wasser entfernt. Die Burg ist heute militärischer Stützpunkt in der westlichen Kapregion. Nach umfangreichen Renovierungsarbeiten von 1969 bis 1993 beherbergt der Komplex zwei Museen und bietet gelegentlich Wechselausstellungen Raum.*

*Haupteingang*

🕐 Wer sich an Werktagen um 10 oder 12 Uhr am Haupteingang einfindet, kann die Schlüsselübergabe und das Abfeuern der Signalkanone beobachten.

🍽 Das De Goewerneur Restaurant links des Haupteingangs serviert preisgünstige Imbisse und leichte Mahlzeiten mit kapmalaiischem Touch.

• *Karte Q5*
• *nordöstlich Strand Rd & Darling Rd*
• *(021) 787 1260*
• *tägl. 9–16 Uhr; kostenlose Führungen: Mo–Sa 11 Uhr, 12 Uhr & 14 Uhr*
• *Eintritt 25 R (Erwachsene), 15 R (Senioren), 10 R (Studenten & Kinder)*
• *De Goewerneur Restaurant: So geschl.*
• *www.castleof goodhope.co.za*

## Top 10 Festungsanlage

1. Leeuhek & Burggraben
2. Haupteingang
3. Block B
4. Gouverneurs- & Secunde-Quartiere
5. De Kat Balcony
6. William-Fehr-Sammlung
7. Militärmuseum
8. Bogengang & Alter Brunnen
9. Verlies & Folterkammer
10. Good Hope Art Workshop

### 1 Leeuhek & Burggraben

Eine Brücke über den Burggraben *(oben)* führt zum Haupteingang. Das Wachttor Leeuhek (Löwentor) von 1720 krönen zwei Löwenskulpturen.

### 2 Haupteingang

Das Portal (1683) ersetzte den seewärtigen Zugang. Der Glockenturm aus importiertem gelben *ystelsteen* und die Steinmetzarbeit, die einen Löwen mit sieben, die Provinzen der Niederlande repräsentierenden Pfeilen zeigt, sind bemerkenswert. Wochentags findet hier die Schlüsselzeremonie statt.

*Schlüsselzeremonie*

### 3 Block B

Der älteste Teil der Festung *(unten)* rechts vom Haupteingang stammt aus den 1660er Jahren. Eine Treppe führt auf die grasbewachsene Bastion, die fantastischen Blick auf die Grand Parade bietet.

*Das Castle of Good Hope ersetzte die 1652 von Jan van Riebeeck an gleicher Stelle erbaute Festung aus Lehm und Holz.*

### 4 Gouverneurs- & Secunde-Quartiere

Die Quartiere sind Teil der 12 Meter hohen inneren Mauer, die den Hof teilt. Der kommandierende Offizier Simon van der Stel ließ sie in den 1690er Jahren als Unterkünfte für sich und seine Stellvertreter *(secunde)* erbauen.

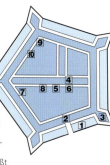

### 5 De Kat Balcony

In der niederländischen Kolonialzeit wurden von dem kunstvollen Balkon *(links)* mit einem Basrelief von Anton Anreith Besucher begrüßt und Urteile verlesen.

### 6 William-Fehr-Sammlung

Über den De Kat Balcony gelangt man zu der von Dr. William Fehr gestifteten Sammlung mit Bildern von Thomas Baines und Werken über das Leben der ersten Siedler.

### 7 Militärmuseum

Das Museum *(oben)* dokumentiert die Militärgeschichte des Kaps von dem Kampf zwischen Bartolomeu Dias und Einheimischen 1488 bis zum Burenkrieg (1899–1902).

### 8 Bogengang & Alter Brunnen

Den die beiden Hofteile verbindenden Bogengang flankieren der abgedeckte Brunnen, einst Wasserquelle der Burg, und ein Denkmal für die im Ersten Weltkrieg Gefallenen.

### 9 Verlies & Folterkammer

In dem Raum unterhalb der Nassau Bastion wurden Gefangene gefoltert, da das niederländische Gesetz vor der Verurteilung ein Geständnis erforderte.

### 10 Good Hope Art Workshop

Das von der Gemeinde betriebene Projekt bietet aufstrebenden Künstlern Arbeitsraum *(rechts)*. Die Besucher können bei der Arbeit zusehen und vollendete Werke betrachten.

### Rathaus

Bis zur Grundsteinlegung 1905 an der Grand Parade gegenüber der Festung gab es in Kapstadt kein Rathaus. Die Fassade ist im Stil der Renaissance gestaltet, das Innere zieren u.a. Marmortreppen und ein König Edward VII. gewidmetes Buntglasfenster. Mandela hielt vom Balkon des Rathauses seine erste öffentliche Rede nach der Haftentlassung.

# TOP 10 Tafelberg

Der 1087 Meter hohe Tafelberg, Südafrikas bekanntestes geografisches Wahrzeichen, dominiert die Silhouette Kapstadts aus nahezu jeder Perspektive. Das flache (daher der Name) Sandsteinplateau liegt in goldenem Sonnenlicht. Zuweilen wird es von einer Wolkendecke umhüllt, die die Einheimischen als »Tischtuch« bezeichnen. Das Massiv zählt vermutlich die meisten Bergsteiger der Welt. Die meisten Besucher erreichen die Spitze des Tafelbergs mit der 1929 eröffneten Seilbahn, die seither mehr als 18 Millionen Fahrgäste beförderte. Hauptattraktion des Tafelbergs ist die fantastische Aussicht vom Gipfel, die Kapstadt und die gleichnamige Halbinsel in ihrer ganzen Pracht erkennen lässt. Das Plateau ist zudem Schutzgebiet für Fynbos und viele Tiere. Ein Besuch des Tafelbergs ist der wohl beliebteste Tagesausflug von Kapstadt aus.

*Seilbahn auf den Tafelberg*

🌀 **Die Seilbahn ist an nebel- oder wolkenverhangenen Tagen nicht in Betrieb. Wenn Sie bei gutem Wetter in Kapstadt ankommen, geben Sie der Besichtigung des Tafelbergs erste Priorität.**

🍴 **Das Table Mountain Café bietet in luftiger Höhe Gerichte zu vernünftigen Preisen – vom Frühstücksbüfett bis zu Feinschmeckerkost.**

• Karte H1
• Tafelberg Road
• (021) 424 8181
• Seilbahn:
8.30–18 Uhr alle
10–15 Min. (bis Hochsommer erweitert
auf bis 21.30 Uhr)
• Fahrpreis 85 R einfach, 160 R mit Rückfahrt (Kinder 45 R bzw. 80 R) • www.tablemountain.net

## Top 10 Bergzauber

1. Seilbahn
2. Aussichtsplattform
3. Fynbos
4. Vogelwelt
5. Klippschliefer & andere Säugetiere
6. Dassie-, Agama- & Klipspringer-Wanderwege
7. Aussichtspunkt Sign 15
8. Abseil Africa
9. Maclear's Beacon
10. Platteklip-Gorge-Wanderweg

### 1 Seilbahn
Die runden, rotierenden Kabinen bieten Rundumsicht auf Kapstadt und Table Bay. Die atemberaubende Fahrt dauert fünf Minuten. Nahe der Gipfelstation schweben die Gondeln nur Zentimeter an der Klippenwand vorbei.

### 2 Aussichtsplattform
Beim Verlassen der oberen Seilbahnstation bietet sich Ausblick auf den Gipfel des Signal Hill *(links)*, auf Robben Island in der Table Bay und auf die Hottentots-Holland-Bergkette am östlichen Horizont.

### 3 Fynbos
Beim traumhaften Blick über das Sandsteinplateau des Tafelbergs erkennt man die Vegetationsformation *Fynbos*. In der heidekrautartigen Bodenbedeckung setzen Proteas, Orchideen und Silberbäume farbige Akzente.

### 4 Vogelwelt

Der *Fynbos* zieht eine bunte Vogelwelt an. Rotdrosseln *(rechts)* und Steinschmätzer sind oft auf dem Gipfel zu sehen, aber auch Segler, Turmfalken und Malaienadler.

### 5 Klippschliefer & andere Säugetiere

Vom Table Mountain Café kann man gut beobachten, wie sich kleine, den Meerschweinchen ähnliche Klippschliefer auf dem Plateau sonnen. Auch Paviane, Klippspringer und Elenantilopen sowie Agamen sind zu sehen.

### 6 Dassie-, Agama- & Klipspringer-Wanderwege

Auf den rollstuhltauglichen Rundwegen *(links)* sind kaum Tiere zu sehen, doch die Aussicht ist großartig.

### 7 Aussichtspunkt Sign 15

Bei dem faszinierenden Blick über die Bergrücken der Kap-Halbinsel kann man zwischen den Hügeln Simon's Town und Kommetjie erspähen.

### 8 Abseil Africa

Die 112 Meter lange Abseilstrecke das Felsband des Tafelbergs oberhalb der Camps Bay hinunter ist ein Muss für abenteuerlustige Reisende *(siehe S. 49)*.

### Tipps für Wanderer

Auf den Tafelberg führen mehrere gut markierte Wanderwege, die nach Schwierigkeitsgrad klassifiziert sind. Feste Wanderschuhe sind erforderlich. Erkundigen Sie sich an der Talstation der Seilbahn nach den Bedingungen – das Wetter kann sich rasch verschlechtern. An windigen oder nebeligen Tagen sollte man von einer Wanderung auf den Tafelberg absehen.

### 9 Maclear's Beacon

Der höchste Punkt des Tafelbergs *(unten)* ist für Wanderer wie Gipfelsammler ein beliebtes Ziel. Der Aufstieg ist landschaftlich reizvoll.

### 10 Platteklip-Gorge-Wanderweg

Wer vom Tafelberg zu Fuß statt mit der Seilbahn absteigen möchte, folgt der Route *(oben)* von Maclear's Beacon zur Talstation.

*Für den Platteklip-Gorge-Wanderweg zwischen den Seilbahnstationen benötigt man zwei bis vier Stunden.*

# 🔟 Kirstenbosch National Botanical Garden

*Kirstenbosch, einer der bedeutendsten Botanischen Gärten der Welt, wurde 1913 zum Schutz der Pflanzenvielfalt in der westlichen Kapregion gegründet. Der Garten an der Südflanke des Tafelbergs lag einst auf dem Privatgrund Jan van Riebeecks (siehe S. 35). Später ging das Anwesen in den Besitz von C. J. Rhodes über, 1902 wurde es dem Staat vermacht. Die unteren Hangbereiche weisen üppige autochthone Flora auf, in größeren Höhen wachsen Fynbos und Wälder. Durch den Garten führen zahlreiche Besichtigungspfade.*

Königsprotea

*Heimische Flora*

🌀 Besonders interessierten Besuchern sind die kostenlosen geführten Touren Do–Sa 10 & 11 Uhr zu empfehlen. Dez–März finden an Sonntagen bei Sonnenuntergang Konzerte statt.

🍴 Das Silvertree Restaurant and Fynbos Deli bietet Mahlzeiten, Snacks sowie Picknickpakete, die man in den Garten mitnehmen kann.

• Karte H2
• Rhodes Drive,
• (021) 799 8783
• Apr–Aug: tägl. 8–18 Uhr; Sep–März: tägl. 8–19 Uhr; Gewächshaus: tägl. 9–17 Uhr (Sommer: bis 18 Uhr)
• Eintritt 35 R, (Kinder 10 R)
• Silvertree Restaurant and Fynbos Deli: (021) 762 9585
• www.sanbi.org

## Top 10 Pflanzenwelt

1. Besucherzentrum & Laden
2. Gewächshaus
3. Gondwanaland-Garten
4. Mathews Rockery
5. Van Riebeecks Mandelhecke
6. Farngarten & Tal
7. Fynbos-Weg
8. Nutzpflanzenareal
9. Skulpturengarten
10. Vlei

### 1 Besucherzentrum & Laden

Im Besucherzentrum am Eingangstor sind gute Übersichtskarten erhältlich. Im Eingangsbereich befinden sich auch ein Souvenirladen *(unten)* und der Botanical Society Bookshop mit Literatur über die Flora und Fauna Südafrikas.

### 2 Gewächshaus

Unter dem Glasdach gedeihen viele Pflanzen aus verschiedenen Habitaten Südafrikas. In der Mitte erhebt sich ein kolossaler *kokerboom* (Köcherbaum), ein charakteristisches Gewächs der Kalahari-Wüste.

### 3 Gondwanaland-Garten

Die hier gezeigten Felsen *(unten)* stammen aus der Zeit, als es nur einen Südkontinent – Gondwanaland – gab. Der älteste ist 3,2 Milliarden Jahre alt.

*Kirstenbosch (36 ha) ist der größte der neun vom South African National Biodiversity Institute betriebenen Gärten des Landes.*

### Mathews Rockery

In dem Labyrinth aus Pflanzen aus regenarmen Gebieten *(rechts)* stehen auch gewaltige Baumaloen. Im Winter, wenn die orangefarbenen Blüten der Aloen Nektarvögel anziehen, ist das Areal am schönsten.

### Van Riebeecks Mandelhecke

Die dichte Hecke *(links)* aus heimischen Mandelbäumen, 1660 von Jan van Riebeeck gepflanzt, markierte die Grenze der jungen Kapkolonie. Die cyanidhaltigen Früchte sind nicht genießbar.

### Farngarten & Tal

Ufergehölze, ein Bach und ein Teich unterhalb eines Hangs mit Palmfarnen, deren stachelige Blätter sich vor über 200 Millionen Jahren entwickelten, machen das älteste Areal des Garten zum schönsten.

### Fynbos-Weg

Der Fußweg *(Mitte)* führt durch kaptypisches, pastellfarbenes *Fynbos*. Die hier gedeihenden lachsfarbenen Proteas locken zur Blütezeit im Winter und Frühjahr den langschwänzigen Kaphonigfresser an.

### Nutzpflanzenareal

Der Nutzpflanzen gewidmete Bereich ist gut beschildert. Die hier wachsenden Heilpflanzen werden zur Behandlung von Kopfschmerzen bis hin zu Impotenz und Sekundärsymptomen von AIDS eingesetzt.

### Skulpturengarten

Der großflächige Garten in der östlichen Ecke von Kirstenbosch ist mit erstklassigen Steinskulpturen im Stil Simbabwes und Südafrikas *(rechts)* durchsetzt. Sie wurden von gefeierten jungen Bildhauern der einheimischen Kunstszene geschaffen.

### Vlei

Ein Bohlenweg führt durch das von Schilf gesäumte *vlei* (Sumpfgebiet). Das Areal ist durch einen großen Vogelreichtum gekennzeichnet. In den Sommermonaten dient es u. a. den bunt gefiederten Oryxwebern und Widafinken als Brutgebiet.

# TOP 10 Iziko Groot Constantia

*Das 1685 von Simon van der Stel gegründete Groot Constantia ist das älteste und wohl berühmteste Weingut Südafrikas. Die Gebäude des unterhalb des Constantiabergs auf der Kap-Halbinsel 10 Kilometer südlich von Kapstadt wunderbar gelegenen Anwesens zählen landesweit zu den schönsten Beispielen kapholländischer Architektur. Zwei mit Giebeln versehene Häuser wurden im späten 18. Jahrhundert unter dem Eigner Hendrik Cloete vollendet. Constantia war von 1778 bis 1885 im Besitz der Familie Cloete. In dieser Zeit erzielten die hier produzierten Dessertweine weltweite Anerkennung, Constantia wurde offizieller Lieferant des im Exil auf St. Helena lebenden Napoléon Bonaparte. 1885 erwarb die Regierung das Gut, das heute treuhänderisch verwaltet wird.*

Iziko
Orientation Centre /
Oriëntasie Sentrum /
Lokuziqhelanisa

*Informationszentrum*

🕐 **Die meisten Besucher schauen nur kurz in den Museen und für Weinproben vorbei. Das hübsche Anwesen lohnt aber eine ausgiebige Erkundung zu Fuß.**

🍴 **Auf dem Gut bieten zwei hervorragende Restaurants traditionelle Küche des Kaps.**

• Karte H2
• Groot Constantia Rd
• Anwesen: (021) 794 5128; tägl. 10–17 Uhr (Sommer: 9–18 Uhr); Weinproben: Gebühr 25 R; Führungen durch den Weinkeller: Zeiten tel. erfragen; Gebühr 30 R; www. groot constantia. co.za
• Manor House Museum; (021) 795 5140; tägl. 10–17 Uhr; Eintritt 15 R; www.iziko.org.za
• Restaurants auch abends geöffnet

## Top 10 Weingut

1. Weinkeller & Weinproben
2. Tor & Hauptzufahrt
3. Fassade des Manor House
4. Informationszentrum
5. Gärten
6. Manor House Museum
7. Cloete Wine Cellar
8. Bad
9. Jonkershuis
10. Coach House Museum

### 1 Weinkeller & Weinproben

Im Eingangsgebäude werden Wein verkauft und Proben angeboten. Der hochgelobte Grand Constance *(links)* führt die Tradition der Dessertweine fort, die Constantias Ruhm begründeten.

### 2 Tor & Hauptzufahrt

Die prachtvolle Zufahrtsstraße führt direkt zum Hauptgebäude des Anwesens. Auf dem Weg liegt ein Tor, das im 18. Jahrhundert errichtet wurde *(unten)*.

### 3 Fassade des Manor House

Hendrik Cloete erweiterte das Gebäude van der Stels um die Frontgiebel. Die in der Nische platzierte Skulptur wurde von Anton Anreith gefertigt.

### 4 Informationszentrum

Mit dem maßstabsgetreuen Modell des Guts und informativen Tafeln über dessen Geschichte ist das Zentrum eine gute erste Anlaufstelle.

 *Mehr über Groot Constantia*
**www.constantiawineroute.co.za/grootconstantia.htm**

### Gärten

Die friedvollen Gärten mit in der Zeit der Stels gepflanzten Bäumen laden zu Spaziergängen ein. Sie bieten Blick auf die Weinberge und die Sandsteinfelsen des Constantiabergs.

### Manor House Museum

Das Haus präsentiert eine für Gutsherren des 18. Jahrhunderts typische Einrichtung *(links)*. Möbel und Kunstobjekte wurden von dem Sammler Alfred de Pass gestiftet.

### Cloete Wine Cellar

Das schmale Gebäude besitzt den berühmtesten Dreiecksgiebel Südafrikas. Das markante Rokoko-Werk schuf Anton Anreith. Im einstigen Weinkeller sind nun Fässer ausgestellt – von historischen Behältnissen bis zu Produkten des 20. Jahrhunderts *(rechts)*.

### Bad

Die Entstehungszeit des kunstvollen Bads an den Hängen des Constantiaberg *(unten)* ist ungewiss, doch der Stil gleicht dem vom Giebel des Haupthauses aus dem späten 18. Jahrhundert.

### Jonkershuis

Das reetgedeckte kapolländische Haus des *jonkheer*, des ältesten Sohns, entstand durch Ausbau eines Nebengebäudes. Es beherbergt ein Restaurant *(unten)*.

### Coach House Museum

In einem Hof hinter dem Jonkershuis stellt die Isaacs Transport Collection historische Kutschen, Wagen, Fahrräder sowie Esels- und Ochsenkarren aus *(oben)*.

### Simon van der Stel

Simon van der Stel wurde 1639 als Sohn des Gouverneurs Adriaan van der Stel und dessen halbmalaiischer Gattin geboren. Er zählte zu den einflussreichsten Persönlichkeiten der frühen Kolonialzeit. 1679 wurde er Kommandeur des Kaps der Guten Hoffnung, 1691 Gouverneur. Er gilt als Gründer der nach ihm benannten Städte Stellenbosch und Simon's Town. Nach seiner Pensionierung 1699 widmete er sich dem Aufbau von Groot Constantia, wo er 1712 verstarb.

# Simon's Town & Boulders Beach

*Simon's Town, Südafrikas drittälteste Siedlung, ist nach dem Gouverneur Simon van der Stel benannt, der im stürmischen Winterwetter der Kapregion den geschützten Hafen der Table Bay vorzog. Das historische Flair der Stadt spiegelt deren 160 Jahre währende Rolle als größte britische Marinebasis der Region. 1957 wurde Simon's Town der südafrikanischen Marine übergeben. Die Stadt fungiert keinesfalls als feuchtfröhlicher Matrosentreff, sondern ist vornehm und ruhig. Der Reichtum an viktorianischer Architektur und die hübsche Lage an den steilen Hängen der Kap-Halbinsel oberhalb einer Reihe von Sandstränden bestimmen ihren Charakter. Der berühmteste Strand ist Boulders Beach, der eine junge Kolonie von 3000 Pinguinen beherbergt.*

*Schild am Boulders Beach*

🔵 Der vom Besucherzentrum geradeaus führende Bohlenweg bietet vormittags, der Weg nach rechts nachmittags schöne Fotomotive.

🔵 Speisen Sie abends im Seaforth Restaurant oder bei Bertha's in der Quayside Mall (siehe S. 81).

• Karte H4 • (021) 786 5880 • Metrorail: (080) 065 6463; www.capemetrorail. co.za • Simon's Town Museum: Court Rd; (021) 786 3046; Mo–Fr 9–16 Uhr, Sa 10–13 Uhr, So 11–15 Uhr; Eintritt frei • South African Naval Museum: Main Rd; (021) 787 4635; tägl. 10–16 Uhr • Besucherzentrum: (021) 786 2329; Öffnungszeiten tel. erfragen; Eintritt 25 R (Erw.), 5 R (Kinder) • www. simonstown.com

## Top 10 Sehenswert

1. Metrorail nach Simon's Town
2. Simon's Town Museum
3. South African Naval Museum
4. Historic Mile
5. Jubilee Square & Kai
6. Seaforth Beach
7. Besucherzentrum in Boulders
8. Foxy Beach
9. Boulders Beach
10. Willis Walk

### 1 Metrorail nach Simon's Town

Die vielen wunderschönen Ausblicke auf die Küste der False Bay machen die Metrorail-Linie *(oben)* zu einer der schönsten S-Bahn-Strecken der Welt. Sie beginnt in Kapstadt und endet im viktorianischen Bahnhof von Simon's Town.

### 2 Simon's Town Museum

Die einstige Gouverneursresidenz *(rechts)* birgt eine Ausstellung über Zwangsumsiedlungen in Zeiten der Apartheid und eine amüsante Dokumentation über den Marinehund Just Nuisance.

### 3 South African Naval Museum

Das Museum in einem Lagerhaus einer Werft aus den 1740er Jahren ist bekannt für die Repliken eines U-Boot-Innenraums in Originalgröße und einer Schiffsbrücke mit simulierten Wellenbewegungen.

*Eine Fahrt mit der Simon's Town Railway ist nur untertags oder auf einem Gruppenausflug zu empfehlen.*

### Historic Mile

Die sogenannte Historic Mile besitzt die höchste Dichte an historischen Bauten in Simon's Town: An der St George's Street *(oben)* reihen sich viktorianische Fassaden. Besuchen Sie die reizende Bar im Lord Nelson Inn (1802).

### Jubilee Square & Kai

Der palmengesäumte Jubilee Square und die Quayside Mall liegen im historischen Zentrum von Simon's Town am Hafen. Am Kai legen Boote zu Tagesausflügen nach False Bay und Seal Island ab.

### Seaforth Beach

An dem durch Felsen geschützten Strand *(unten)*, den zuweilen Pinguine vom nahen Boulders Beach besuchen, kann man bei ruhigem Wetter gut schwimmen. Bei aufkommendem Wind bietet das beliebte Strandrestaurant Zuflucht.

### Besucherzentrum in Boulders

Sehen Sie sich vor Ihrem Besuch der Pinguinkolonie im Besucherzentrum am Eingang eine DVD über die charismatischen Tiere an. Es gibt auch Austellungen über andere Meeresvogelarten.

### Foxy Beach

Zwei Bohlenwege führen zu dem Sandstrand, den eine Brillenpinguinkolonie bevölkert *(Mitte)*. Man kann Hunderten von Tieren beim Schwimmen, Zanken, Sonnen oder Herumspazieren zusehen.

### Boulders Beach

Der nach den schützenden Felsen benannte Strand bietet Badenden sichere Bedingungen. Hier leben weniger Pinguine als am Foxy Beach, jedoch sind stets mehrere Tiere zwischen den Felsen zu sehen.

### Kurzführer Boulders Beach

Von der Hauptstraße nach Cape Point führen Seaforth und Bellevue Road in das südlich von Simon's Town gelegene Boulder. Foxy und Boulders Beach auf dem erweiterten Gebiet des Table Mountain National Park haben separate Zugangstore. Das Besucherzentrum von Boulders liegt bei dem Tor zum Foxy Beach. Der die beiden Tore verbindende Willis Walk ist durchgehend geöffnet.

### Willis Walk

Der außerhalb des Nationalparks verlaufende, für Rollstühle geeignete Weg *(rechts)* bietet Blick auf Pinguine und deren Nachwuchs sowie auf *Fynbos*-Vögel wie Gelbscheitelgirlitze und Schwalben.

*Mehr über Brillenpinguine*
**www.penguins.cl/african-penguins.htm**

**Cape of Good Hope Nature Reserve**

*Cape Point ist nicht der südlichste Punkt Afrikas. Dennoch vermittelt die beeindruckende Szenerie der sturmumtosten Landspitze, an der 280 Meter hohe Klippen steil zum weiten Ozean abfallen, Besuchern den Eindruck, am Ende des Kontinents zu stehen. Das Kap der Guten Hoffnung (Cape of Good Hope / Kaap de Goede Hoop), Teil des Table Mountain National Park, ist auch wegen der artenreichen Tierwelt interessant: Hier leben endemische Buntböcke und Kap-Bergzebras, hier brüten Kormorane, Wale schwimmen im Meer. Im Naturreservat des Kaps gedeiht pastellfarbener Fynbos, der eine außergewöhnlich große Pflanzenvielfalt umfasst (siehe Kasten S. 78).*

*Kap der Guten Hoffnung*

Auf dem Parkplatz unterhalb von Cape Point tummeln sich halbzahme Paviane. Diese kecken Tiere können Proviant tragenden Besuchern gefährlich werden.

Das Two Oceans Restaurant neben dem Parkplatz serviert tagsüber gute Kost. Die Cape Point Ostrich Farm bietet schmackhafte Straußengerichte.

• Karte H5
• Table Mountain National Park
• (021) 780 9207
• März–Okt: tägl. 6–18 Uhr; Apr–Sep: tägl. 7–17 Uhr
• Eintritt 60 R
• www.capepoint.co.za • Ostrich Farm: (021) 780 9294; Führungen tägl. halbstündlich 10–17 Uhr; Eintritt 30 R; www.capepointostrichfarm.com • Standseilbahn: Fahrpreis 40 R (mit Rückfahrt)

### Top 10 Landschaft

1. Besucherzentrum Buffelsfontein
2. Kanonkop-Wanderweg
3. Rooikrans
4. Cape Point Lighthouse
5. Gifkommetjie-Rundstraße
6. Platboom Beach
7. Aufstieg & Standseilbahn
8. Bordjiesdrif
9. Cape-of-Good-Hope-Fußweg
10. Cape Point Ostrich Farm

**Ansicht von Cape Point**

#### 1 Besucherzentrum Buffelsfontein

Das Zentrum *(oben)* in einem kapholländischen Farmhaus ist erste Anlaufstelle für Besucher des Schutzgebiets. Es bietet Bücher und Broschüren sowie ein naturgeschichtliches Museum.

#### 2 Kanonkop-Wanderweg

Die kurze Wanderung führt von Buffelsfontein zu der Signalkanone, nach der der Weg benannt ist. An der Strecke, die fantastischen Blick auf die False Bay bietet *(rechts)*, steht ein Kalkofen aus dem 19. Jahrhundert. In Januar und Februar blühen blaue Orchideen.

#### 3 Rooikrans

Der einen Kilometer abseits der Hauptstraße nach Cape Point gelegene Aussichtspunkt eignet sich hervorragend zur Walbeobachtung. Ein Fußweg führt zum Felsstrand hinab.

 *Bartolomeu Dias nannte die Halbinsel »Kap der Stürme«, König Johann von Portugal prägte die heutige Bezeichnung.*

### 4 Cape Point Lighthouse

Für den Bau des schönsten Leuchtturms Südafrikas wurde 1913 bis 1919 Gestein vom heutigen Parkplatzgelände abgetragen *(oben)*. Die Aussicht ist an sonnigen wie an regnerischen Tagen atemberaubend.

### 5 Gifkommetjie-Rundstraße

Die Straßenschleife führt durch schattige *Fynbos*-Felder zu einem mit pilzförmigen Felsformationen gespickten Bergkamm, der fantastische Aussicht bietet. Wanderlustige können den wenig frequentierten dreistündigen Weg zum Hoek van Bobbejaan (Gebiet der Paviane) einschlagen.

### 6 Platboom Beach

Diesen wenig besuchten Badestrand erreicht man über eine Straße, an der ein gewaltiges, 1965 errichtetes Kreuz der Landung Bartolomeu Dias' 1488 gedenkt *(siehe S. 34)*.

### 7 Aufstieg & Standseilbahn

Die letzte Wegstrecke auf das beeindruckende Kliff Cape Point beinhaltet die Wanderung auf einem steilen Fußweg oder die Fahrt mit der Standseilbahn *(oben)*.

### 8 Bordjiesdrif

Die Gezeitenbecken des Felsstrands bieten Meereslebewesen Raum. Das künstliche Becken ist sicheres Badegebiet. Das an die Ankunft Vasco da Gamas 1497 erinnernde Kreuz und die vulkanische Formation Black Rock sind sehenswert.

### 10 Cape Point Ostrich Farm

Auf der kinderfreundlichen Straußenfarm neben dem Parkeingang kommt man den größten Vögeln der Erde ganz nahe *(unten)*. Außerdem sind viele nette Straußen-Souvenirs erhältlich, darunter auch riesige ausgeblasene Eier sowie edle Lederwaren.

### 9 Cape-of-Good-Hope-Fußweg

Besucher, die der windgepeitschte Cape-Point-Aufstieg nicht erschöpft hat, führt der Weg *(oben)* in 90 Minuten vom Parkplatz zum Strand des Kaps hinab. Dort kann man den Blick auf den Leuchtturm genießen und Meeresvögel sehen.

### Wale in der False Bay

Von Juli bis November kann man an Rooikrans und anderen Stränden entlang der Ostküste des Naturschutzgebiets die False Bay durchquerende Wale beobachten. Am häufigsten ist der Südkaper zu sehen, der eine Länge von etwa 15 Metern erreicht. Auch Brydewale, Buckelwale und Große Schwertwale (Orcas) sind zu erspähen. Über die Rufnummer (021) 787 9140 erhält man Informationen, welche Wale gesichtet wurden.

*Mehr über die Erkundung von Afrikas Tierwelt* **siehe S. 42f**

#  Stellenbosch

Die zweitälteste und vielleicht schönste Stadt Südafrikas wurde 1679 von Simon van der Stel gegründet. Sie erstreckt sich nördlich des Flusses Eerste am Fuß der Jonkershoek-Berge. Die prächtigen Boulevards der Universitätsstadt säumen altehrwürdige kapholländische Bauten und Schatten spendende Bäume, die Stellenbosch den Spitznamen Eikestad (Eichenstadt) gaben. Moderne Restaurants, Cafés, Bars und Läden durchbrechen das historische Ambiente. Eine Übernachtung in Stellenbosch bietet die Möglichkeit, die umliegenden Weingüter zu besuchen. An der kurzen Strecke nach Franschhoek über den Helshoogte Pass liegen großartige Sehenswürdigkeiten (siehe S. 30f).

Exponat im
Rupert Museum

Weingut Lanzerac

**Restaurants um Stellenbosch siehe S. 90.**

• Karte D2 • Toy & Miniature Museum: (021) 887 2948; Eintritt 5 R • Rupert Museum: Lower Dorp St; (021) 888 3344; Eintritt 20 R • Village Museum: 18 Ryneveld St; (021) 887 2948; tägl.; Eintritt 20 R (Erw.), 5 R (Kinder); www.stelmus.co.za • Botanischer Garten: nordöstl. Neethling & Van Riebeeck Rd; tägl. 8–17 Uhr; Eintritt frei • Weingut Bergkelder: Adam Tas Rd; (021) 809 8025; Proben Mo–Fr 8–17 Uhr, Sa 9–14 Uhr; Gebühr 15 R; Führung (inkl. Probe) 25 R; www.bergkelder.co.za • Weingut Lanzerac: Jonkershoek Rd; (021) 887 1132; Proben Mo–Fr 8.30–17 Uhr, 10–14 Uhr, Sa, So 11–15 Uhr; Gebühr 15 R; www.lanzeracwines.co.za

## Top 10 Stadtflair

1. Braak
2. Toy & Miniature Museum
3. Dorp Street
4. Oom Samie se Winkel
5. Rupert Museum
6. Stellenbosch Village Museum
7. Moederkerk
8. Botanischer Garten
9. Weingut Bergkelder
10. Weingut Lanzerac

### 1 Braak
Der Dorfplatz (braak) ist von historischen Bauwerken umgeben. Dazu gehören die Anglikanische Kirche St Mary (1852; oben) mit neugotischen und kapholländischen Stilmerkmalen sowie die Rhenish Church (1823) mit barocker Kanzel.

### 2 Toy & Miniature Museum
Das Museum (rechts) in einem Rheinischen Pfarrhaus zeigt Miniaturhäuser, antike Puppen und einen zwischen Modellen von Stellenbosch und Matjiesfontein verkehrenden Blue Train.

### 3 Dorp Street
Die besterhaltene Straße der Stadt säumen vor dem 20. Jahrhundert errichtete kapholländische Bauten. Die schönsten Fassaden sind an den Kreuzungen mit Drostdy und Herte Street zu sehen.

Die Rheinische Missionsgesellschaft (Rhenish Missionary Society) gründete 1829 die erste Mission in der Kapregion.

### 4 Oom Samie se Winkel

Der nach Oom (Onkel) Samie Volsteedt, dem früheren Eigner, benannte Laden *(unten; siehe S. 86)* bietet hausgemachtes Konfekt und afrikanische Kunst.

### 5 Rupert Museum

Das Museum für südafrikanische Kunst südwestlich der Stadt zeigt Werke von Künstlern wie Irma Stern und Moses Kotler.

### 6 Stellenbosch Village Museum

Die zeitgenössisch eingerichteten Häuser *(unten)* verdeutlichen Epochen der Stadtentwicklung. Das jüngste Interieur ist aus den 1830er Jahren.

### 7 Moederkerk

Die imposante Moederkerk (Mutterkirche) steht an der Stelle der 1710 abgebrannten ursprünglichen niederländisch-reformierten Kirche gegenüber dem Stellenbosch Village Museum. Der Turm des neugotischen Bauwerks wurde 1866 fertiggestellt.

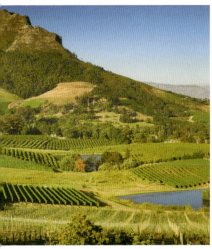

### 8 Botanischer Garten

Die kaum bekannte kleine Anlage zeichnen v. a. die Sammlungen von *Fynbos*-Pflanzen und von Sukkulenten aus den Trockengebieten Namibias aus.

### 9 Weingut Bergkelder

Das markante Gebäude am Papegaaiberg birgt über 200 Weine. Eine Probe der besten Sorten des Kaps in dem stimmungsvollen Keller lohnt.

### Universiteit Stellenbosch

Die bedeutendste auf Afrikaans lehrende Universität Südafrikas ging aus dem 1866 gegründeten Stellenbosch Gymnasium hervor. Das Gebäude steht immer noch an der Dorp Street. Zu den Alumni zählen vier Präsidenten des Landes (Jan Smuts, Daniel Malan, Barry Hertzog und Hans Verwoed) und Apartheid-Gegner wie Beyers Naudé und Heinrich Grosskopf. Der Botanische Garten wurde 1922 von der Universität gegründet.

### 10 Weingut Lanzerac

1692 wurden auf dem einst Scoongezicht (Sauberes Gesicht) genannten Anwesen Rebstöcke gepflanzt. Exzellente Weine und das Restaurant *(rechts)* lohnen den Abstecher zu Stellenboschs nächstgelegenem Gut.

*Die Museen sind Mo–Fr 9.30–17 Uhr geöffnet, Sa nur vormittags. Nehmen Sie vor Wochenendbesuchen telefonischen Kontakt auf.*

Links **Raum für Weinproben, Tokara** Mitte **Wein, Tokara** Rechts **Blick von Hillcrest Berry Orchard**

# Stellenbosch bis Franschhoek

**1 Weingüter Tokara & Delaire Graff**
Bei einem abendlichen Besuch der auf dem Kamm des Helshoogte Pass gelegenen Weingüter lässt sich bei einem Glas Sekt die schöne Aussicht über die Weinregion genießen. ◈ *Tokara: Karte E2 • Helshoogte Rd • (021) 808 5900 • Proben: Mo–Fr 9–17 Uhr, Sa & So 10–15 Uhr • frei • www. tokara.co.za* ◈ *Delaire: Karte E2 • Helshoogte Pass Rd • (021) 885 8160 • Proben: Mo–So 10–18 Uhr • Gebühr • www.delairewinery.co.za*

**Oldtimer, Franschhoek Motor Museum**

**2 Hillcrest Berry Orchard**
Im ca. 10 Kilometer von Stellenbosch entfernten Hillcrest werden sieben Beerensorten gezüchtet. Konfekt kann im Coffee Shop gekostet und im Souvenirladen gekauft werden. ◈ *Karte E2 • Helshoogte Pass Rd • (021) 885 1629 • tägl. 9–17 Uhr • www.hillcrestberries.co.za*

**3 Pniel**
Die 1934 von der Berliner Missionsgesellschaft zur Unterbringung ehemaliger Sklaven gegründete malerische Siedlung am Fuß des Simonsberg blieb während der Apartheid Wohngebiet für Schwarze. Die Kirche aus dem 19. Jahrhundert und das der Freilassung der Sklaven gedenken-

de Freedom Monument (1992) sind Wahrzeichen der Stadt. ◈ *Karte E2*

**4 Weingut Boschendal**
Die Picknickkörbe und Weine des berühmten Guts am Eingang zum Franschhoek Valley garantieren einen luxuriösen Lunch. ◈ *Karte E2 • (021) 870 4210/1 • Okt–März: tägl. 8.30–18.30 Uhr; Apr–Sep: 9–16.30 Uhr; Führungen Weinkeller: tägl. 10.30 Uhr, 11.30 Uhr & 15 Uhr • www.boschendal. co.za*

**5 Franschhoek Motor Museum**
Das Museum auf dem renommierten L'Ormarins Estate lockt Autoliebhaber an. Zur Sammlung gehören ein motorisiertes Beeston-Dreirad (1898) und ein Ferrari Enzo (2005). ◈ *Karte F2 • R45 Richtung Franschhoek • (021) 874 9000 • Di–Fr 10–16 Uhr, Sa & So 10–15 Uhr • Eintritt • www.fmm.co.za*

**Weinstöcke im Weingut Boschendal**

*Der Picknickbereich des Boschendal Wine Estate ist von Mai bis Oktober sonntags geschlossen.*

### 6 Weingut Franschhoek Cellar

Das bei der Einfahrt nach Franschhoek rechter Hand gelegene private Weingut besitzt einen großen Weinkeller. Ernsthaft an einem Kauf interessierte Besucher schätzen die Möglichkeit der Verkostung zahlreicher edler Tropfen bei einer Probe. Es gibt oft Sonderangebote. 🔍 Karte F2 • Main Rd • (021) 876 2086 • Mo–Fr 9.30–17 Uhr, Sa 10–16 Uhr, So 11–15 Uhr • Proben: Gebühr • www.franschhoek-vineyards.co.za

### 7 Weingut Mont Rochelle

Das kleine Gut erreicht man in fünf Minuten Autofahrt oder über einen halbstündigen steilen Spazierweg. Es besitzt beeindruckende reetgedeckte kapholländische Bauwerke. Die wunderbare Aussicht auf Franschhoek Valley und den Berg Middagkrans genießt man am besten in einem der beiden vorzüglichen Restaurants des Anwesens. 🔍 Karte F2 • Dassenberg Rd • (021) 876 2770 • www.montrochelle.co.za

### 8 Huguenot Monument

Das zwischen 1938 und 1948 errichtete steinerne Denkmal am Stadtrand von Franschhoek erinnert an die Ankunft der Hugenotten im Jahr 1688. Die drei hohen Bogen repräsentieren die Heilige Dreifaltigkeit. Die Frauenfigur auf einer Weltkugel trägt mehrere religiöse Symbole. 🔍 Karte F3 • Lambrecht Rd • tägl. 9–17 Uhr • Eintritt

### 9 Huguenot Memorial Museum

Das exzellente Museum zeichnet den Alltag der französischen Siedler nach, auf die der Name Franschhoek zurückgeht und die den Weinbau in dem Gebiet förderten. 🔍 Karte F3 • Lambrecht Rd • (021) 876 2532 • Mo–Sa 9–17 Uhr, So 14–17 Uhr • Eintritt • www.museum.co.za

### 10 Niederländisch-reformierte Kirche

Franschhoeks architektonisches Juwel wurde 1848 erbaut. Vor der Bergkulisse bieten die weiß getünchten Giebel und der Glockenturm aus dem 19. Jahrhundert ein idyllisches Bild. 🔍 Karte F2 • Huguenot Rd

**Niederländisch-reformierte Kirche**

#### Hugenotten

Die Hugenotten, französische Protestanten, flohen unter der Herrschaft von Louis XIV vor der Verfolgung durch die Katholiken aus Frankreich. Franschhoek, damals Olifantshoek (Gebiet der Elefanten) genannt, ist Zeugnis hugenottischen Zustroms in die Kapregion 1688. Der Erlass der VOC (Vereinigde Oostindische Compagnie), der Niederländisch als alleinige Unterrichts-, Handels- und Amtssprache deklarierte, förderte die Integration der Hugenotten in die Siedlergemeinschaft. 1750 wurde am Kap kaum Französisch gesprochen, die Hugenotten hatten aber wesentlichen Anteil am Aufstieg Südafrikas zur bedeutenden Wein produzierenden Nation. Viele afrikaanse Nachnamen sind französischen Ursprungs. Einige, z. B. de Villiers und Malan blieben unverändert, andere wie Cronjé (Cronier) und Nel (Neél) wurden abgewandelt.

Links **Gründung der UDF** Rechts **Zweiter Burenkrieg**

# 🔟 Etappen der Geschichte

### 1 Prähistorie
Die frühesten Zeugnisse menschlicher Besiedelung an der Table Bay – Werkzeuge aus der Altsteinzeit – sind 1,4 Millionen Jahre alt. Jäger und Sammler vom Volk der San zogen vor rund 30 000 Jahren in das Gebiet. Sie hinterließen v. a. in der Cedarberg-Gebirgskette nördlich von Kapstadt Felszeichnungen. Das Hirtenvolk der Khoikhoi brachte vor ca. 2000 Jahren Fettschwanzschafe mit in die Region.

### 2 Ankunft der Portugiesen
1488 umrundete der portugiesische Seefahrer Bartolomeu Dias als erster Europäer das Kap. Die folgenden Auseinandersetzungen mit den Khoikhoi gipfelten im Tod des Kapitäns Francisco d'Almeida 1510 in der Table Bay.

### 3 Gründung Kapstadts
1652 gründete der bei der VOC (Vereenigde Oostindische Compagnie) beschäftigte Jan van Riebeeck eine Nachschubbasis für niederländische Schiffe in der Table Bay. 100 Jahre später war Kapstadt Heimat europäischer Siedler. Allerdings zählte die Stadt mehr Sklaven als freie Bürger.

### 4 Britische Kolonialisierung & Großer Treck
Unter der ab 1795 regierenden liberalen britischen Führung Kapstadts wurde 1834 die Sklaverei abgeschafft. 1936 bis 1943 zogen 12 000 erzürnte, Sklaven haltende Buren (niederländische Farmer) im Großen Treck nach Norden und gründeten Republiken wie Transvaal und den Oranje-Freistaat.

### 5 Zweiter Burenkrieg & Vereinigung
Der Burenkrieg von 1899 bis 1902 wurde von den Briten initiiert, um Kontrolle über die Goldader von Johannesburg zu gewinnen. 1910 entstand aus Kapkolonie, Natal, Transvaal und Oranje-Freistaat die Südafrikanische Union. Erster Premierminister wurde der einstige Burengeneral Louis Botha.

### 6 Beginn der Apartheid
Nach Wahl der Nationalen Partei (NP) 1948 in das Kabinett erhoben Verordnungen des Parlaments Rassendiskriminierung zur politischen Ideologie der Apartheid (»Trennung«).

**Nelson Mandela, ehemaliger Führer des ANC**

*Top 10 Kapstadt*

**Gewerkschaftsprotest gegen Apartheid**

## Top 10 berühmte Südafrikaner

**1 Jan van Riebeeck**
Der Gründer Kapstadts war bis 1662 Kommandeur der Kapkolonie.

**2 Simon van der Stel**
Van der Stel war von 1679 bis 1699 Kommandeur der Kapkolonie. Er gründete Stellenbosch und war treibende Kraft für die Entwicklung der Constantia-Weingüter.

**3 Cecil John Rhodes**
Der britische Bergbaumagnat gründete die Diamantenfirma De Beers. Von 1890 bis 1895 war er Premierminister der Kapregion.

**4 Breyten Breytenbach**
Der in Kapstadt ausgebildete Schriftsteller war als Anti-Apartheid-Aktivist inhaftiert. Er lebt heute in Frankreich.

**5 Nelson Mandela**
Der berühmteste Südafrikaner war 27 Jahre lang in Gefängnissen rund um Kapstadt inhaftiert *(siehe S. 13)*.

**6 Erzbischof Desmond Tutu**
Der Friedensnobelpreisträger war von 1985 bis 1995 anglikanischer Erzbischof Kapstadts *(siehe S. 9)*.

**7 Brenda Fassie**
Die Songs der »Madonna der Townships« waren beliebt. 2004 starb Fassie nach Drogenkonsum.

**8 Jacques Kallis**
Kallis zählt zu den besten Cricket-Spielern Südafrikas.

**9 Benni McCarthy**
Der Fußballer gehört zu den besten in Südafrika.

**10 J. M. Coetzee**
Coetzee wurde zweimal mit dem Booker Prize ausgezeichnet. 2003 erhielt er den Nobelpreis für Literatur.

### 7 Massaker von Sharpeville & Rivonia-Prozess

1960 weckte die Ermordung von 69 Teilnehmern einer friedlichen Demonstration in Sharpeville durch die Polizei den Widerstand gegen die Apartheid. Unter Führung Nelson Mandelas entstand Umkhonto we Sizwe, der bewaffnete Flügel des verbotenen ANC. 1962/63 wurde Mandela zusammen mit weiteren Apartheid-Gegnern im Rivonia-Prozess des Hochverrats angeklagt.

### 8 Gründung der UDF

1983, in den letzten Jahren der Apartheid, gründeten etwa 15 000 Aktivisten in Mitchell's Plain das außerparlamentarische Oppositionsbündnis United Democratic Front (UDF).

### 9 Freilassung Nelson Mandelas

Im Februar 1990 hob Präsident de Klerk das Verbot des ANC auf, Mandela wurde nach 27 Jahren Haft entlassen. Vom Balkon des Rathauses hielt er seine erste öffentliche Ansprache *(siehe S. 17)*.

### 10 Demokratie

Im Mai 1994 wurde der ANC bei Südafrikas ersten demokratischen Wahlen stärkste Kraft. Er dominierte acht von neun Provinzen – nur Westkap blieb Domäne der Nationalen Partei. Nelson Mandela übernahm das Amt des Präsidenten.

Links **Blick vom Bloubergstrand auf den Tafelberg** Rechts **Aussicht am Chapman's Peak Drive**

# TOP 10 Aussichtspunkte

### 1 Tafelberg: Gipfelstation der Seilbahn

Auf dem 15-minütigen Weg von der Gipfelstation der Tafelberg-Seilbahn eröffnet sich auf einigen Aussichtspunkten die Landschaft der westlichen Kapregion – vom nahen Signal Hill und der City Bowl genannten Innenstadt Kapstadts bis zur wellenumtosten Robben Island und der False Bay. Die Hottentots-Holland-Berge überragen die Szenerie. Auch der Blick über die Bergrücken der Kap-Halbinsel bis nach Cape Point ist beeindruckend. ❍ *Karte H1*

### 2 Signal Hill

Der zwischen City Bowl und Sea Point gelegene Signal Hill (350 m) mit flachem Gipfel ist Ausläufer der höheren, hornförmigen Felsformation Lion's Head. Das per Auto oder zu Fuß erreichbare Picknickareal bietet v. a. bei Sonnenuntergang fantastischen Blick auf Kapstadt. Auch das seit dem 18. Jahrhundert zelebrierte Abfeuern der Noon Gun ist eine Besucherattraktion *(siehe S. 62)*.

### 3 Rhodes Memorial

Das gewaltige Monument steht an einem südöstlichen Hang des Tafelbergs. Den Blick über die Cape Flats auf das ferne Helderberg und die Hottentots-Holland-Berge genießt man am besten von dem benachbarten Coffee Shop aus *(siehe S. 73)*.

### 4 Chapman's Peak Drive

Die zwischen 1915 und 1922 angelegte Mautstraße, eine der spektakulärsten Küstenstraßen der Welt, verläuft auf dem Band aus Schiefergestein, das die Granitbasis des Chapman's Peak und den darüberliegenden Sandstein trennt. Auf der sich um die Berge zwischen Hout Bay und Noordhoek windenden Strecke liegen Aussichtspunkte. Der Blick auf die blanken Klippen des Chapman's Peak und den an die Küste brandenden Atlantik lohnt *(siehe S. 78)*. ❍ *Karte G3 • Mautgebühr • www.chapmanspeakdrive.co.za*

### 5 Cape Point

Auf Cape Point an der Südspitze der Kap-Halbinsel im Cape of Good Hope Nature Reserve *(siehe S. 26f)* gelangt man über einen steilen Fußweg oder mit der Standseilbahn. Der Blick über windumtoste Klippen und vom Atlantik umspülte Strände reicht bis zur Antarktis im Süden. ❍ *Karte I6*

**Blick auf Kapstadt vom Signal Hill**

➜ *Mehr über Cecil John Rhodes*
**www.sahistory.org.za/pages/people/bios/rhodes-cj.htm**

### 6 Rooikrans

Der wenig besuchte Strand im Cape of Good Hope Nature Reserve bietet eine faszinierende Sicht Richtung Norden zur Küste der False Bay. Von Juni bis November kann man hier gut Wale beobachten *(siehe S. 26).*

**Weinberge rund um Tokara**

### 7 Bloubergstrand

Der Bloubergstrand liegt etwa 10 Kilometer nördlich von Kapstadt an der Westküste der Table Bay. Der »Strand am Blauen Berg« ist nach dem Tafelberg benannt, der den sandigen Küstenstreifen überragt. Der Bloubergstrand zeigt sich vormittags am schönsten. Aber auch ein Besuch am Nachmittag lohnt. Dann kann man die Aussicht in einem der Cafés mit Tischen im Freien genießen *(siehe S. 61).*

### 8 Weingut Tokara

Das Gut, auf dem Wein und Oliven angebaut werden, besitzt eine einzigartige, malerische Lage auf dem Kamm des Helshoogte Pass. Der Blick reicht über mit Eukalyptus bewachsene Hänge bis zur False Bay. An klaren Tagen sieht man sogar den fernen Tafelberg. Die Aussicht genießt man am besten bei einem kühlen Glas trockenen Zondernaam Sauvignon Blanc, der auf dem Gut produziert wird *(siehe S. 30).*

### 9 Franschhoek Pass

Da Urlauber das charmante Stellenbosch dem abgelegenen Villiersdorp vorziehen, ist dieser Pass wenig be-

fahren. Einige Kilometer Fahrt auf der Strecke lohnen dennoch, da sie schöne Aussicht auf die reetgedeckten Dächer und die ausgedehnten Weinberge im Franschhoek Valley bietet *(siehe S. 31).*

### 10 Paarl Mountain

Paarl Mountain, der zweitgrößte Granitfelsen der Welt, ragt am Stadtrand von Paarl auf. Bei Sonnenuntergang bietet der Berg einen besonders faszinierenden Anblick, da er dann, wie der Name besagt, wie eine Perle erstrahlt. Eine zweistündige Wanderung führt auf den Gipfel, von dem man auf die mit *Fynbos* bedeckten Hänge und die lebhafte Stadt über die umliegenden Weinberge bis hin zur Silhouette des Drakenstein (Drachenstein) blickt. ⬡ *Karte E1*

*Mehr über Paarl* **siehe S. 84**

37

Links **Scratch Patch** Mitte **Gepard, Spier Wine Estate** Rechts **Monkey Jungle, World of Birds**

# TOP 10 Attraktionen für Kinder

### 1 Monkey Town Primate Sanctuary

Die meisten Primaten in dieser Auffangstation wurden aus Gefangenschaft befreit. Die Tiere – von Schimpansen bis Zwergseidenäffchen – leben größtenteils auf einem Freigelände, um das ein Besichtigungsweg verläuft. ◎ *Karte D4 • Mondeor Rd, Somerset West • (021) 858 1060 • tägl. 9–17 Uhr • www.monkeys.co.za*

### 2 Scratch Patch

Scratch Patch erinnert an einen psychedelischen Kieshügel: Farbenprächtige, polierte Schmucksteine wie Tigerauge, Lapislazuli, Achat, Rosenquarz, Amethyst und Jaspis sind in Hülle und Fülle auf dem Boden verteilt. Kinder (und Erwachsene) können die Steine zusammenschürfen und in gegen Gebühr erworbenen Taschen mitnehmen. Scratch Patch besitzt Niederlassungen an der V & A Waterfront und in Simon's Town. ◎ *V & A Waterfront: Karte A2; Dock Rd; (021) 419 9429; tägl. 9–17.30 Uhr • Simon's Town: Karte H4; Dido Rd; (021) 786 2020; Mo–Fr 8.30–16.45 Uhr, Sa & So 9–17.30 Uhr • www.scratchpatch.co.za*

### 3 Iziko Planetarium

Das überkuppelte Planetarium gehört zum South African Museum in Gardens. Tägliche Vorführungen präsentieren den glitzernden südlichen Nachthimmel. Es gibt auch spezielle Programme für Kinder *(siehe S. 9).*

### 4 World of Birds

Der größte Vogelpark Südafrikas beherbergt über 400 einheimische und exotische Arten, darunter Papageien und Bartvögel, die in begehbaren Volieren gehalten werden. Besucher können mehrere Stationen des Vogellebens wie die Bebrütung von Eiern und das Füttern der Küken beobachten. Zu den im Park lebenden Reptilien und Säugetieren zählen die Affen im Monkey Jungle *(siehe S. 79).*

**Rote Aras**

### 5 Tygerberg Zoo

Der einzige Zoo in der Nähe Kapstadts liegt in der Weinregion. Er beherbergt 1400 Tiere von 280 Arten. Der Schwerpunkt liegt auf Primaten, Zwergantilopen und

Löwe im Tygerberg Zoo

➡ *World of Birds & Tygerberg Zoo im Internet*
**www.worldofbirds.org.za & www. tygerbergzoo.co.za**

Schildkröten. Auch Großkatzen sind vertreten. Der Zoo dient gleichzeitig als Zuchtstation für gefährdete Wildtiere. Kinder haben an dem Farmhof Spaß.
◈ *Karte D2 • 15 km von Stellenbosch, zwischen Kapstadt & Paarl • (021) 884 4494 • tägl. 9–17 Uhr • Eintritt*

Pinguine im Two Oceans Aquarium

### Spier Wine Estate

**6** Das kinderfreundlichste der Kap-Weingüter bietet einen Spielplatz beim Feinkostladen, einen weiteren umzäunten am gegenüberliegenden Flussufer. Zahme Schimpansen, ein Raubvogelgehege und Ponyreiten sind weitere Attraktionen *(siehe S. 83)*.

### Ratanga Junction

**7** In dem großen Vergnügungspark im Norden Kapstadts bieten die 18 Meter hohe Wasserrutsche »Monkey Falls« und die Achterbahn »The Cobra« Nervenkitzel. Für Kinder sind v. a. Autoscooter, Eisenbahn und ein Mini-Riesenrad geeignet. Es gibt einen Neun-Loch-Minigolfplatz und eine Scratch Patch ähnliche Anlage.
◈ *Karte B2 • N1 Abzweigung Sable Rd • (021) 550 8500 • in Schulferien der Provinz Westkap tägl. 10–17 Uhr • Fahrgeschäfte: Gebühr • www.ratanga.co.za*

### Drakenstein Lion Park

**8** Der Park bei Paarl ist der beste Ort in der Region Kapstadts, um Löwen zu sehen. Er bietet in Gefangenschaft geborenen Tieren, die nicht ausgewildert werden können, Schutz. Die Freigehege der 15 Löwen überblickt man von Aussichtsplattformen. Schließen Sie Butterfly World *(siehe S. 84)* in den Ausflug ein.

### Two Oceans Aquarium

**9** Südafrikas renommiertestes Aquarium zeigt eine immense Vielfalt an Meereslebewesen aus dem kühlen Atlantik und dem wärmeren Indischen Ozean. Bei Kindern sind v. a. die Robben, Pinguine und Rochen beliebt. Beachten Sie die Fütterungszeiten. Ein Zentrum bietet Puppentheater und Kunsthandwerksstücke an *(siehe S. 10)*.

### Imhoff Farm

**10** Im Hof der restaurierten Farm aus dem 18. Jahrhundert an der Atlantikküste tummeln sich zahme Tiere. Attraktionen für Kinder beinhalten Pony- und Kamelritte. Im hübschen Coffee Shop wird selbstgemachter Käse verkauft. ◈ *Karte G4 • Kommetjie • (021) 783 4545 • Di–So 10–17 Uhr • www.imhofffarm.co.za*

Links **Kirstenbosch National Botanical Garden** Rechts **Mountainbiking, De Hoop Nature Reserve**

# TOP10 Parks & Naturschutzgebiete

## 1 Table Mountain National Park

Das 1998 zum Nationalpark erklärte Areal vereinigt eine Reihe von Schutzgebieten, die sich an der Kap-Halbinsel nach Süden bis Cape Point erstrecken. Der Artenreichtum mit ca. 2000 Pflanzenarten und Fauna vom Himalaya-Tahr bis zu endemischen Vögeln und Fröschen gedeiht in unmittelbarer Nähe der Großstadt Kapstadt. ✆ *Karte T4 • (021) 701 8692 • Öffnungszeiten für einzelne Schutzgebiete variieren • Eintritt für einige Schutzgebiete • www.sanparks.org*

## 2 Kirstenbosch National Botanical Garden

Der Landschaftsgarten an den südlichen Hängen des Tafelbergs präsentiert den unvergleichlichen Pflanzenreichtum Südafrikas. Durch das Gelände führen auch für Rollstühle geeignete Fußwege *(siehe S. 20f).*

## 3 Silvermine Nature Reserve

Der Aufstieg in dem am wenigsten bekannten der drei Schutzgebiete des Table Mountain National Park ist eine gute Alternative zur Seilbahnfahrt auf den Tafelberg. Der Silvermine River Walk macht mit *Fynbos* und Vogelwelt bekannt, der steile Anstieg zu Noordhoek Peak und Elephant's Eye Cave bietet Blick auf den Ozean. ✆ *Karte B4 • (021) 701 8692 • Mai–Aug: tägl. 8–17 Uhr; Sep–Apr: tägl. 7–18 Uhr • www.sanparks.org*

**Kapscharbe**

## 4 De Hoop Nature Reserve

Das Gebiet mit der größten erhaltenen Fläche Küsten-*Fynbos* der Welt schützt Pflanzen, Vögel und Säugetiere. Es erstreckt sich landeinwärts zu dem zerklüfteten Potsberg, auf dem der gefährdete Kapgeier brütet. Der Park kann per Auto erkundet werden, Besucher ziehen meist Radfahren oder Wandern vor *(siehe S. 95).*

## 5 Jonkershoek & Assegaaibosch Nature Reserves

Die benachbarten Gebiete in den 1526 Meter hohen Jonkershoek-Bergen östlich Stellenboschs sind mit Fauna und Berg-*Fynbos* ein Paradies für Wanderer. Tagestouren reichen von dem anspruchsvollen 18 Kilometer langen Swartboskloof Trail bis zu Spaziergängen durch den Wildblumengarten in Assegaaibosch *(siehe S. 83).*

**Watsonien im Jonkershoek Nature Reserve im Frühling**

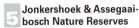

*Die Nationalparks Südafrikas* **www.sanparks.org**

### 6 Rietvlei Nature Reserve

Der in der Nähe der Vorstädte Milnerton und Table View gelegene Park bietet die besten Möglichkeiten zur Vogelbeobachtung in Kapstadt. Er schützt die Flussauen des Diep, die Süßwasser- und Meeresvögel anlockt.

Harold Porter National Botanical Garden

Bisher wurden fast 200 Arten gesichtet. Zwischen Oktober und März machen Watvögel hier halt. Es gibt einen Beobachtungsstand und einen Fußweg. ⊗ Karte T4
• Grey Ave, Table View • (021) 557 5509
• tägl. 7.30–17 Uhr • Eintritt • www. friendsofrietvlei.co.za

### 7 Harold Porter National Botanical Garden

In dem Botanischen Garten in der Betty's Bay kann man sich mit *Fynbos* vertraut machen. Hier wächst *Disa uniflora* in ihrer natürlichen Umgebung neben anderen Orchideen, Proteas und Erika. Die reiche Vogelwelt des Gartens, die die meisten *Fynbos*-assoziierten Arten enthält, zieht viele Beobachter an (siehe S. 98).

### 8 Paarl Mountain Nature Reserve

Das Gebiet am Rande von Paarl erstreckt sich auf Granitfelsen. Es beherbergt Berg-*Fynbos* und diesem Standort ideal angepassten Wald. Das Areal eignet sich gut für erfrischende Wanderungen. Es ist auch bei Anglern und Mountainbikern beliebt. ⊗ Karte E1
• Jan Phillips Mountain Dr, Paarl • (021) 872 3658
• tägl. 7–18 Uhr
• Gebühr für Fahrzeuge

### 9 West Coast National Park

Das ausgedehnte Areal in der geschützten Langebaan-Lagune ist bei Vogelbeobachtern und Wassersportlern beliebt. Neben der Küstenlandschaft ist die Tierwelt interessant: Hier leben für Trockengebiete typische Arten wie Oryxantilopen und Springböcke. In August und September bieten die in dem Areal beim Postberg blühenden Wildblumen ein attraktives Bild (siehe S. 96).

### 10 Bird Island

Der Kreidefelsen liegt nahe der Küste bei der Hafenstadt Lambert's Bay. Er beherbergt die einzige zugängliche Brutkolonie von Kaptölpeln der Welt. Auch Kapscharben, Robben und Pinguine leben auf der Insel. ⊗ Karte S1 • Lambert's Bay • (0861) 227 362 8873
• tägl. 7–17 Uhr, Sommer: tägl. 7–19 Uhr
• Eintritt • www.capenature.co.za

Links **Robben sonnen sich auf Seal Island, Hout Bay** Rechts **Hafenrundfahrt**

# TOP 10 Begegnungen mit der Tierwelt

### 1 Vogelbeobachtung im Rondevlei Bird Sanctuary

In Kapstadt kann man Wasser-vögel am besten in dem Feucht-biotop nahe den Cape Flats am Stadtrand beobachten. Zu den hier gesichteten 230 Arten gehö-ren der Rosapelikan, der Schmal-schnabellöffler und verschiedene Reiher. 1982 wurden zwei Nil-pferde angesiedelt. ⊙ *Karte l3*
• *Perth Rd, Rondevlei • (021) 706 2404*
• *tägl. 7.30–17 Uhr (Dez & Jan: bis 19 Uhr)*
• *Eintritt • www.rondevlei.co.za*

### 2 Hafenrundfahrt

Auf den Hafenrundfahrten, die Veranstalter an der V & A Wa-terfront anbieten, sind fast im-mer Südafrikanische Seebären sowie jede Menge Möwen und Seeschwalben zu sehen. Zuwei-len lassen sich auch Delfine bli-cken *(siehe S. 11)*.

### 3 Klippschliefer auf dem Tafelberg

Auf dem Tafelberg sonnen sich halbzahme Klippschliefer *(Hyraco-idea)*. Die den Meerschweinchen ähnlichen Tiere (sie sind größer und haben schärfere Zähne) sind Abkömm-linge der Huftiere, die vor 35 Millionen Jah-ren die planzenfressen-den Arten Afrikas domi-nierten *(siehe S. 19)*.

### 4 Pinguinkolonie, Boulders Beach

Die Beobachtung der flugunfähigen Vögel, die scheinbar mit einem Frack be-kleidet unbeholfen watscheln, ist bei Urlaubern fester Programm-punkt. Die 3000 Tiere umfassen-de Kolonie am Boulders Beach entstand 1982 durch zwei brüten-de Paare *(siehe S. 24f)*.

### 5 Seal Island, nahe Hout Bay

Die flache Felseninsel 6 Kilo-meter vor der Küste beherbergt mit bis zu 75 000 Tieren die größ-te Robbenkolonie der westlichen Kapregion. Zudem leben hier Pin-guine und drei Arten Kormorane. Besucher müssen von den Tieren Abstand halten, Boote fahren je-doch die von Robben bevölkerten Strände entlang *(siehe S. 79)*.

### 6 Kap der Guten Hoffnung

Der südlichste Bereich des Table Mountain National Park bie-tet traumhafte Ausblicke auf den Ozean. Auch die Tierwelt ist faszi-nierend: Buntböcke, Kap-Greis-böcke und Bergzebras sind in dieser Region endemisch. Sie leben hier neben Bärenpavianen, Elenantilopen und Kapmangusten *(siehe S. 26f)*.

**Brillenpinguin am Boulders Beach**

*Parks & Naturschutzgebiete* **siehe S. 40f**

**Käfigtauchen mit Haien**

**7 Walbeobachtung an Land**
Am westlichen Kap befinden sich die weltweit besten Möglichkeiten zur Walbeobachtung von Land aus. Die Klippen in Hermanus, De Hoop und False Bay bieten als Aussichtspunkte Blick auf Südkaper, die aus den tiefen Wassern der geschützten Buchten auftauchen. ◈ Hauptsaison: Juni–Nov; Zeit des Kalbens: Juli/Aug

**8 Käfigtauchen mit Haien**
Von einem Käfig aus den räuberischen weißen Haien zuzusehen, gilt Unterwassersportlern als größter Nervenkitzel. Tierschützer sehen dies eher kritisch. Es ist vielleicht auch Auslöser der zunehmenden Hai-Angriffe auf Schwimmer und Surfer.
◈ Shark Cage Diving: (021) 461 6583
• www.sharkcagediving.co.za

**9 Sporttauchen & Schnorcheln**
Die Kelpwälder und tiefen Gezeitenbecken des Atlantiks bieten exzellente Möglichkeiten, unter Wasser seltsame, faszinierende Meeresbewohner zu beobachten.

**10 Inverdoorn Game Reserve**
Das Gebiet liegt wenige Autostunden von Kapstadt in der Halbwüste Karoo. Zum reichen Tierbestand zählen Löwen, Geparden, Giraffen, Antilopen und Breitmaulnashörner. Es werden auch viele Freizeitaktivitäten angeboten. ◈ Karte U4 • abseits R46
• (214) 244 639 • www.inverdoorn.com

## Top 10 Endemische Flora & Fauna

**1 Königsprotea**
Die ananasgroße, lachs- bis pinkfarbene Blüte ist Südafrikas Wappenblume.

**2 Disa uniflora**
In Dezember und Januar trägt die Orchidee, der »Stolz des Tafelbergs«, rote Blüten.

**3 Silberbaum**
Die Protea-Art mit silberhaarigem Stamm und konischen Blüten wächst nur auf der Kap-Halbinsel.

**4 Brillenpinguin**
Nur Brillenpinguine brüten in Südafrika. Zwei weitere subantarktische Arten sind gelegentlich an den Kap-Stränden zu sehen.

**5 Buntbock**
Im 20. Jahrhundert stand die schön gezeichnete Antilope vor der Ausrottung.

**6 Buntes Zwergchamäleon**
Von den vier Chamäleonarten in den Bergen der westlichen Kapregion ist es das häufigste.

**7 Kap-Bergzebra**
Kap-Bergzebras wurden vor der Ausrottung bewahrt – anders die nahe verwandten Quaggas, die im 19. Jahrhundert verschwanden.

**8 Kaphonigfresser**
Der langschwänzige Fynbos-Bewohner gehört zu einer Familie, die nur in Südafrika und Simbabwe zu finden ist.

**9 Goldbrust-Nektarvogel**
Blühende Fynbos-Habitate sind die Heimat des Vogels.

**10 Tafelberg-Gespensterfrosch**
Sieben Bäche des Tafelbergs sind der einzig bekannte Lebensraum des seltenen Froschs.

 *Die heidekrautähnliche Bodenvegetation* Fynbos *ist nur an der Kap-Küste Südafrikas zu finden.*

Links **Strandhäuschen, Muizenberg** Rechts **Küste, Boulders Beach**

#  Strände

### Clifton Beach

Der beliebte Badestrand ist der dem Zentrum Kapstadts nächstgelegene. Er befindet sich in Gehweite von Sea Point und Green Point. Von den vier durch Granitfelsen getrennten sandigen Buchten ist Fourth Beach mit Umkleidekabinen, öffentlichen Toiletten, Imbiss- und Getränke- ständen am besten eingerichtet. Besucher können tageweise Liegestühle und Sonnenschirme mieten. Das Wasser ist relativ kühl. Badende sollten die Unter- strömung nicht unterschätzen *(siehe S. 62)*.

### Camps Bay

Der ausgedehnte Sandstrand wird von den Twelve-Apostles- Felsen an der Westseite des Ta- felbergs überragt. Er erstreckt sich neben der Hauptstraße durch Camps Bay hinter einer Reihe von schicken Cafés, Res- taurants und Bars. Der ansonsten ruhige Strand ist in Ferienzeiten bei Familien beliebt. Liegestühle und Sonnenschirme werden zum Verleih angeboten *(siehe S. 61)*.

### Sandy Bay

Der durch hohe Dünen ge- schützte Strand bei Llandudno wird von abgeschirmten Felsbuch- ten durchzogen, die zum Sonnen- baden einladen. Der seit Langem als halboffizieller FKK-Strand die- nende Küstenstreifen ist auch bei Homosexuellen beliebt. Mit öffentlichen Verkehrsmitteln ist Sandy Bay schwer zu erreichen. Das Wasser ist oft zu kalt, um darin zu schwimmen. ✆ *Karte G2*

### Noordhoek

Der Strand unterhalb des imposanten Chapman's Peak bei Kommetjie erscheint als endloser Bogen weißen Sands. Der den Elementen stark ausgesetzte Strand ist ideal für ausgedehnte Spaziergänge und zur Vogelbeob- achtung. Er lockt auch viele Rei- ter an *(siehe S. 78)*.

### Muizenberg

Der Glanz des in den 1960er Jahren schicksten Strands von Kapstadt an der Nordküste der False Bay ist verblasst. doch er ist sicheres ein Schwimm- und Surfgebiet. Die vielfäl- tigen Einrichtungen wie ein geschützter Pool, Wasserrutschen, ein Minigolfplatz, Im- bissstände und Um- kleidekabinen machen den Strand bei Famili- en beliebt. Er ist mit dem Zug vom Zentrum Kapstadts leicht zu er- reichen *(siehe S. 77)*.

**Camps Bay mit dem Lion's Head im Hintergrund**

*Mehr über Muizenberg* www.muizenberg.info

**Die Felsküste von Seaforth Beach**

### Platboom Beach

Der Strand bei Cape Point ist vermutlich der schönste der Halbinsel. Er lädt zum Sonnen und Schwimmen ein, ist aber auch bei Spaziergängern und Naturfreunden beliebt *(siehe S. 27)*.

### Boulders Beach

Der hübsche, geschützte Strand liegt am südlichen Rand der Pinguinkolonie *(siehe S. 42)*. Besucher können die Gesellschaft der putzigen Vögel genießen, die sich die Felsen mit den Sonnenbadenden teilen. Für den Strand ist eine Eintrittsgebühr zu entrichten *(siehe S. 25)*.

### Seaforth Beach

Der Strand liegt in Gehweite von Simon's Town. Wie der nahe Boulders Beach ist er von hohen Felsen umgeben. An dem meist wenig bevölkerten Küstenstreifen sind vereinzelt Pinguine zu sehen. Das nette Restaurant mit Holzbalkon bietet Blick auf den Strand *(siehe S. 25)*.

### Bikini Beach, Strand

Der geschützte Bikini Beach, der beliebteste der vielen Strände in Kapstadts Vorort Strand, ist in weniger als einer Stunde Autofahrt vom Stadtzentrum in östlicher Richtung zu erreichen. Er wird vom Helderberg überragt und bietet fabelhafte Aussicht über die False Bay. Das flache Wasser ist zum Schwimmen geeignet. Familien schätzen die zahlreichen Cafés und Restaurants. Die Gezeitenbecken in der benachbarten Gordon's Bay sorgen für Abwechslung vom Sonnenbaden. *Karte D4*

### Bloubergstrand

Der Name *blouberg* (Blauer Berg) bezieht sich auf den Tafelberg, dessen Silhouette an klaren Tagen vom Strand aus wunderschön zu sehen ist *(siehe S. 18f)*. Der Sandstrand ist von bizarren Felsvorsprüngen durchsetzt. Die Küste ist starken Winden ausgesetzt. Bei Wassersportlern ist das Terrain äußerst beliebt *(siehe S. 61)*.

Links **Golfplatz in Steenberg** Mitte **Rugby-Spiel zwischen Chiefs und Stormers** Rechts **Ausritt**

# TOP 10 Sport & Aktivurlaub

### 1 Rugby

Südafrikas »Springboks«, seit Langem Weltklasse-Mannschaft, gewannen 1995 und 2007 den Rugby World Cup. Internationale Begegnungen werden in Newlands, der Spielstätte der Western Stormers, ausgetragen. Die Mannschaft aus dem Umland Kapstadts spielt in der Super-14-Liga.

### 2 Fußball

Das Athlone-Stadion bei den Cape Flats ist Heimat des Erstligisten Ajax Cape Town. Das Green-Point-Stadion im Stadtzentrum wurde für die Fußballweltmeisterschaft in Südafrika 2010 umgebaut. ◈ *Athlone-Stadion: Karte J1; (021) 637 6607* ◈ *Green-Point-Stadion: Karte N1; (021) 434 4510*

### 3 Cricket

In dem Stadion in Newlands spielt die Provinzmannschaft des Westkaps, aus der mehrere international erfolgreiche Spieler hervorgingen. Es ist jährlich Austragungsort eines mindestens fünftägigen Test-Cricket-Spiels und einiger eintägiger internationaler Begegnungen. ◈ *Newlands-Stadion: Karte J2; (021) 657 2003*

### 4 Hochsee- & Fliegenfischen

Die Gewässer um die Kap-Halbinsel sind bei Hochseefischern v. a. als Thunfischgründe bekannt. Die Bergbäche im Inland sind zum Fliegenfischen geeignet. ◈ *Fliegenfischen: Inkwazi: (021) 788 7611; www.inkwaziflyfishing.co.za* ◈ *Hochseefischen: Big Blue Fishing: Charter (083) 777 1048*

### 5 Golf

Es gibt einige Golfplätze in der Kapregion. Rondebosch Golf Course und Atlantic Beach Golf Estate zählen zu den besten. ◈ *Rondebosch Golf Course: Karte B3; (021) 689 4176* ◈ *Atlantic Beach Estate: Karte B2; (021) 553 2223*

### 6 Reiten, Noordhoek

Der Sandstrand Noordhoek beim Chapman's Peak lädt zu Ausritten ein. Für über 14-Jährige werden Reitstunden angeboten. ◈ *Sleepy Hollow Tours: (021) 789 2341; www.sleepyhollowhorseriding.co.za*

### 7 Mountainbiken

Die gebirgige Weinregion bietet Montainbikern zahllose Strecken. In einigen Schutzgebie-

**Surfer bei einem Riff in Dungeon nahe Kapstadt**

*Informationen über sämtliche Golfplätze in der Region*
**www.sa-venues.com/western_cape_golf_courses.htm**

**Wanderer auf dem Tafelberg**

ten sind Mountainbike-Routen ausgewiesen. Fahrräder kann man in allen größeren Zentren mieten. Langebaan's Live2ride organisiert professionelle Radausflüge. ✆ *Live2ride: (082) 921 2301; www.live2ride.co.za*

### 8 Wanderungen, Cape Fold Mountains

Auf den Wanderwegen verschiedener Schwierigkeitsgrade, die die meisten Schutzgebiete und Nationalparks durchziehen, kann man Tiere beobachten. Die Begleitung eines professionellen Führers ist nicht unbedingt notwendig, aber empfehlenswert. ✆ *Cape Eco-Tours: (021) 919 2282; www.cape-ecotours.co.za*

### 9 Surfen

Das westliche Kap zählt zu den besten Surfgebieten weltweit. Die False Bay bietet bei Muizenberg beständige Bedingungen. Die Atlantikküste ist weniger frequentiert und reicher an Herausforderungen.

### 10 Kajak- & Kanufahren, False Bay

An windstillen Tagen sind auf Touren von Simon's Town durch die False Bay Pinguine, Delfine und Wale zu sehen. Erfahrene Kajakfahrer schätzen den Nervenkitzel bei stürmischem Wetter.

## Top 10 Sport-Stars aus Südafrika

**1 Ernie Els**
Der als Big Easy bekannte, einst beste Golfer der Weltrangliste gewann drei bedeutende Titel.

**2 Makhaya Ntini**
Südafrikas erster schwarzer internationaler Cricket-Spieler rangierte 2006 auf Platz Zwei der Weltrangliste der Test-Cricket-Werfer.

**3 Benni McCarthy**
McCarthy zählt zu den international erfolgreichsten Fußballern aus Südafrika.

**4 Francois Pienaar**
Pienaar war Kapitän des Rugby-Teams, das 1995 in der südafrikanischen Heimat den Weltcup gewann.

**5 Shaun Pollock**
Der einstige Kapitän der Cricket-Nationalmannschaft gilt als exzellenter Werfer (416 Wickets / 3781 Runs in Tests).

**6 Oscar Pistorius**
Der an beiden Beinen amputierte Sprinter hält die Weltrekorde über 100, 200 und 400 Meter.

**7 Penny Heyns**
Heyns gewann 1996 als erste Frau olympisches Gold sowohl über 100 als auch über 200 Meter Brustschwimmen.

**8 Roland Schoeman**
Der dreifache Weltrekordhalter war Mitglied der bei den Olympischen Spielen 2004 siegreichen Schwimmstaffel.

**9 Lucas Radebe**
Der einstige Kapitän von Leeds und der Nationalmannschaft Südafrikas gewann 1996 den Africa Nations Cup.

**10 John Smit**
Smit war Kapitän des Springbok-Teams, das 2007 den Rugby-Weltcup gewann.

*Surfbretter kann man im Muizenberg's Corner Surfshop – (021) 788 1191 – oder im Lifestyle Surf Shop – (021) 788 8218 – mieten.*

Links **Urlauber bei der Erkundung einer Höhle** Rechts **Bergsteiger auf dem Tafelberg**

# ᴛᴏᴘ10 Abenteuerurlaub

### 1 Gleitschirmfliegen

Kapstadt und die Weinregion sind wunderbar zum Gleitschirmfliegen geeignet. Man erkundet das Gebiet am besten zunächst mit einem Führer. Birdmen Paragliding bietet Tagesausflüge mit Funkkontakt, drei Tage bis zu einen Monat dauernde Touren sowie Anfängerkurse und Ausbildungen mit abschließendem Zertifikat. ✆ *Birdmen Paragliding: (082) 658 6710; www.birdmen.co.za*

### 2 Ballonfahren, Weinregion

Eine entspannte Fahrt in einem Heißluftballon über die Weinregion bildet einen wunderbaren Einstieg in den Tag. Nach dem Start bei Sonnenaufgang lässt man sich vom Wind treiben. Ein Begleitfahrzeug bringt die Passagiere nach der Landung zum Sektfrühstück. ✆ *(021) 863 3192; Nov–Apr bei gutem Wetter; www.kapinfo.com*

### 3 Helikopterflüge

Bei gutem Wetter ist ein Helikopterflug sicher die aufregendste Art, die Kap-Halbinsel und den Tafelberg aus der Luft zu betrachten. Helikopter kann man an der V & A Waterfront chartern. ✆ *Base 4: (021) 418 4764; www.base4.co.za*

### 4 Höhlenklettern

Der steile Fußweg zu den Sandsteinhöhlen oberhalb der Kalk Bay bietet fantastische Aussicht auf die False Bay. In den Höhlen wurden die frühesten Beweise menschlicher Besiedelung des Kaps entdeckt. Um die Höhlen in ihrer gesamten Tiefe zu erkunden, muss man klettern und kriechen. Eine Taschenlampe sollte man auf jeden Fall mitführen. ✆ *Quantum Adventures: (021) 789 0188; www.quantumadventures.co.za*

### 5 Sporttauchen

Die Riffe vor der Küste nördlich von Durban sind für ihren Reichtum an farbenprächtigen Fischen bekannt. Auch das kühle Wasser bei Kapstadt bietet Tauchern Attraktionen: gewaltige Kelpwälder, zutrauliche Robben an der Atlantikküste und zahlreiche Schiffswracks. ✆ *Scuba Shack: (021) 785 6742; www.scubashack.co.za*

### 6 Quadfahren

Das etwa eine Autostunde von Kapstadt entfernte malerische Elgin Valley bei Grabouw ist ideales Quad-Terrain. Die Trecks über bewaldete Hänge und durch

**Gleitschirmflieger beim Start vom Lion's Head**

  *Sport & Aktivurlaub siehe S. 46f*

**Abseilen an der Westflanke des Tafelbergs**

mit *Fynbos* bewachsene Täler kann man mit oder ohne Führer als Tagesausflug von Kapstadt aus gestalten. ✆ *Kamazoo Quads: (072) 537 9310; www.kamazooquad.co.za*

### Rafting

**7** Der Breede River durchzieht das Robertson Valley im Nordosten von Kapstadt. Er bietet die beste Rafting-Strecke nahe der Hauptstadt. Umkulu Safaris veranstalten Ein- und Zweitagesausflüge auf dem Breede River sowie anspruchsvolle vier- und sechstägige Touren auf dem Orange River entlang der Grenze zu Namibia. ✆ *Umkulu Trails: (021) 853 7952; www.umkulu.co.za*

### Klippenspringen

**8** In den Bergen von Boland nördlich von Kapstadt ist das Klippenspringen von bis zu 15 Meter hohen Klippen in Süßwasserbecken eine beliebte Sportart. Die besten Plätze wie die unheilvoll benannte Suicide Gorge sind nur über eine ausgedehnte Wanderung zu erreichen. Klippenspringen ist nicht für Untrainierte oder Menschen mit schwachen Nerven geeignet. ✆ *Daytrippers: (021) 511 4766; www.daytrippers.co.za*

### Abseilen

**9** Der von Abseil Africa betreute 112 Höhenmeter umfassende Abstieg an der Westflanke des Tafelbergs bietet traumhafte Ausblicke. Die Strecke ist vermutlich die längste kommerziell geführte Route der Welt. ✆ *Abseil Africa: (021) 424 4760; www.abseilafrica.co.za*

### Klettern

**10** Die zerklüfteten Felsen des Westkaps sind ein Kletterparadies. City Rock bietet die geeignete Ausrüstung und Anleitung von erfahrenen Sportlern. Das Unternehmen betreibt auch eine Kletterwand im Gebäude. ✆ *City Rock: (021) 447 1326; Kurse nach tel. Voranmeldung; www.cityrock.co.za*

**Klippenspringen in ein Süßwasserbecken**

*Felix Unite bietet ebenfalls Rafting-Touren auf dem Breede River* **www.felixunite.com**

Links **Bo-Kaap Museum** Rechts *Litha*-Kunstwerke im Red Shed Craft Workshop

# TOP10 Südafrikanische Kultur

### 1 District Six Museum

Das bewegende Museum bezeugt die Grausamkeit des von der Nationalen Partei verabschiedeten Group Areas Act, der in den 1950er und 1960er Jahren umgesetzt wurde. Es präsentiert den Alltag im District Six vor der Zerstörung durch das Apartheid-Regime *(siehe S. 14f).*

### 2 Iziko Slave Lodge

Das zweistöckige Gebäude am Eingang von Gardens wurde 1679 als Unterkunft für Einwanderer aus Malaysia und den Inseln des Indischen Ozeans errichtet, die als treibende Kraft für die Agrarwirtschaft des Kaps fungierten. Heute dokumentiert ein Museum mit Multimedia-Ausstellungen die südafrikanische und internationale Geschichte des Sklavenhandels *(siehe S. 8).*

**Exponat im Bo-Kaap Museum**

### 3 Felszeichnungen, Iziko South African Museum

In Südafrika sind Felszeichnungen besonders zahlreich erhalten. Mehrere Fundstätten besitzen etwa 10 000 Jahre alte Relikte. Eine Ausstellung des Museums widmet sich diesem eindrucksvollen prähistorischen Ausdrucksmittel. Sie birgt Rekonstruktionen und ein Original, das vor Beschädigung durch Straßenbauarbeiten gerettet wurde. ❀ *Karte P5 • 25 Queen Victoria St • (021) 481 3800 • tägl. 10–17 Uhr • Eintritt • www.iziko.org.za*

### 4 Langa

Das älteste und dem Zentrum Kapstadts nächstgelegene Township entstand 1927 *(siehe S. 64).* Es spielte eine zentrale Rolle im Widerstand gegen die Apartheid. Geführte Touren schließen das Tsoga Environmental Resource Centre und das Gugu S'Thebe Arts Centre ein.

### 5 Long Street

Preiswerte Restaurants, Tourveranstalter, urige Läden und einige Clubs für Homosexuelle charakterisieren eines der lebendigsten Viertel Kapstadts. Die anrüchige wie angesagte Gegend ist bei Rucksackurlaubern beliebt *(siehe S. 63).*

### 6 Red Shed Craft Workshop

In den Gewölben der Werkstatt arbeiten Töpfer, Kerzenmacher und andere Kunsthandwerker. Besucher können handgearbeitete Souvenirs kaufen und – wenn sie Zeit haben – Stücke in Auftrag geben. ❀ *Karte Q1 • V&A Waterfront • www.waterfront.co.za*

**Bewohner von Langa**

*Anlässlich der Fußballweltmeisterschaft 2010 konzentrierte sich die FIFA-Initiative Football for Hope auf die Townships Südafrikas.*

**Das Township Imizamo Yethu**

**7 Begegnung mit ehemaligen Häftlingen, Robben Island**
Besichtigungen des Hochsicherheitsgefängnisses auf Robben Island, in dem Apartheid-Gegner einsaßen, werden von ehemaligen Häftlingen geleitet. Besucher hören Berichte über Südafrikas älteste politische Haftanstalt aus erster Hand *(siehe S. 12f).*

**8 Khayelitsha**
Die Siedlung Khayelitsha, in der Sprache isiXhosa »Unsere neue Heimat«, entstand in den 1950er Jahren nach Inkrafttreten des Group Areas Act in den Cape Flats. Das 1985 als Township anerkannte Stadtviertel zählt zu den ärmsten Südafrikas *(siehe S. 74).*

**9 Bo-Kaap Museum**
Das Museum widmet sich der Geschichte des muslimischen Vororts Bo-Kaap *(siehe S. 62)*, den nach Ende der Sklaverei in den 1830er Jahren Kapmalaien besiedelten. ⊗ *Karte Q4 • 71 Wale St, Bo-Kaap • (021) 481 3939 • tägl. 10–17 Uhr • Eintritt • www.iziko.org.za*

**10 Imizamo Yethu**
Das junge Township liegt an an Hängen über der Hout Bay. Die freundliche Atmosphäre kontrastiert mit den primitiven Einrichtungen. Einwohner veranstalten Führungen *(siehe S. 78).*

## Top 10 Wörter der Umgangssprache

**1 Ag!**
Das ähnlich dem deutschen »Ach« artikulierte »Ag« kann Missfallen (»Igitt!«), Mitleid (»Oh je!«) oder Ärger (»Oh nein!«) ausdrücken.

**2 Bru**
Der von Afrikaans *broer* (»Bruder«) abgeleitete Begriff dient als allgemeine Anredeform für Männer, vergleichbar mit »Kumpel« oder »Freund«.

**3 Dop**
*Dop* bezeichnet ein alkoholisches Getränk oder das Trinken von Alkohol (»Treffen wir uns auf einen kurzen Drink?«).

**4 Babalas**
In der Sprache der Farbigen ist dies die Bezeichnung für einen Kater nach Alkoholgenuss.

**5 Ek sé**
Die Phrase (wörtlich »Ich sage«) wird Bitten und Aussagen vorangestellt.

**6 Izzit?**
Die Bedeutung des Einwurfs in die Erzählung eines anderen gleicht dem deutschen »tatsächlich?«.

**7 Moerse**
*Moerse* bedeutet »sehr«.

**8 Lekker**
*Lekker* bedeutet »gut«, »schön«, aber auch »schmackhaft«. Süßigkeiten werden auf Afrikaans *lekkers* genannt.

**9 Just Now**
Der mißverständliche Ausdruck sorgt bei Urlaubern oft für Verwirrung und Amusement. Er bedeutet »etwas später« – oder »viel später«!

**10 Jol**
*Jol* (»Vergnügen«) wird als Substantiv oder Verb verwendet (»Wo ist etwas los?«, »Lass uns ausgehen!«).

Links **Belthazar Restaurant & Wine Bar** Rechts **Catharina's**

# TOP 10 Restaurants & Weinlokale

### 1 Belthazar Restaurant & Wine Bar

Das beliebte Restaurant an der V & A Waterfront wurde schon als bestes Steakhaus Südafrikas ausgezeichnet. Filet- und Rumpsteaks sind hervorragend. Über 100 der besten Weine des Kaps sind glasweise, seltene erlesene Tropfen flaschenweise erhältlich *(siehe S. 68)*.

### 2 Den Anker Bar and Restaurant

Das Restaurant an einem kleinen Steg zählt zu den besten an der Waterfront. Zu belgischen Spezialitäten wie Kaninchen werden gute Weine und belgisches Bier gereicht. Von den Tischen im Freien hat man Blick auf die Robben und Boote im Hafen. Bei schlechtem Wetter bietet die bootförmige Bar Hafenflair *(siehe S. 68)*.

### 3 Africa Café

Die panafrikanische Küche des Dinner-Büfetts macht mit verschiedenen Aromen bekannt. Nach dem Abendessen lockt die lebendige Bar *(siehe S. 69)*.

**Den Anker Bar and Restaurant**

### 4 Savoy Cabbage

Das Restaurant in einem restaurierten viktorianischen Gebäude im Stadtzentrum zählt zu den trendigsten Kapstadts. Die moderne Einrichtung kontrastiert mit der historischen Umgebung. Der Schwerpunkt der einfallsreichen Küche liegt auf Wild, Meeresfrüchten und vegetarischen Gerichten *(siehe S. 69)*.

### 5 Cape Malay Restaurant

Das vielleicht beste traditionelle Restaurant des Kaps gehört zu dem Hotel The Cellars-Hohenort. Zu dem täglich wechselnden Menü werden exzellente Kap-Weine gereicht. Das elegante kapholländische Haus liegt sehr hübsch auf einem Anwesen beim Kirstenbosch National Botanical Garden *(siehe S. 75)*.

### 6 Catharina's

Das preisgekrönte Fünf-Sterne-Restaurant ist in einem kapholländischen, von den Felsen des Steenberg (»Steinberg«) überragten Haus untergebracht. Es ist nach dem exzentrischen Gründer des Anwesens (17. Jh.) benannt. Neben kapmalaiischen Speisen werden einfallsreiche Fleisch- und Seafood-Gerichte und gute Weine gereicht *(siehe S. 75)*.

### 7 Bon Appétit

Das exquisite Restaurant in Simon's Town erscheint regelmäßig auf der Liste der 100 besten südafrikanischen Restaurants des *WINE Magazine*. Es ist im Erdge-

*Weitere Restaurants in Kapstadt & Umgebung* **siehe S. 68f, S. 75, S. 81, S. 90f & S. 99**

**Bon Appétit**

schoss des British Hotel ansässig. Die köstlichen französischen Gerichte und guten Weine werden bei Kerzenlicht serviert, der Küchenchef wurde von Michelin ausgezeichnet. Es gibt ein Tagesmenü *(siehe S. 81).*

### 8 Volkskombuis
Das in den 1970er Jahren am Nordufer des Eerste gegründete südafrikanische Restaurant ist eine Institution in Stellenbosch. Die exzellenten, auf traditionellen Rezepten basierenden einheimischen Gerichte haben einen zeitgenössischen Touch *(siehe S. 90).*

### 9 Le Quartier Français
The Tasting Room im Hotel Le Quartier Français bietet im Zentrum Franschhoeks kulinarische Köstlichkeiten. Die Speisekarte ist variantenreich, die Preise sind gehoben *(siehe S. 91).* Im gleichen Gebäude kann man im Restaurant iCi das Flair des Hotels zu günstigeren Konditionen genießen.

### 10 Le Pique Nique
Die Weinregion lädt zu ausgedehnten Picknicks mit kühlem Weißwein ein. Im Areal »Le Pique Nique« auf dem Weingut Boschendal lässt sich dieser Leidenschaft unter Schatten spendenden Pinien vor malerischer Bergkulisse besonders gut frönen *(siehe S. 83).*

## Top 10 Spezialitäten Südafrikas

### 1 Bobotie
Rosinen geben dem kap-malaiischen Klassiker aus Rinderhackfleisch und Safranreis Süße. Bobotie wird mit einer Eiercreme überbacken.

### 2 Potjiekos
Der Eintopf aus Fleisch und Gemüse wird in einem *potjie* (kleiner schwarzer Topf) über offenem Feuer gekocht.

### 3 Waterblommetjie Bredie
Der Eintopf wird mit Lamm und der Wasserpflanze *waterblommetjie* zubereitet.

### 4 Tomato Bredie
Der schmackhafte Tomateneintopf enthält saftiges Lammfleisch.

### 5 Boerewors
Die würzige, gehaltvolle »Farmerswurst« schmeckt am besten *braaied* (auf offenem Feuer gegrillt).

### 6 Malva Pudding
Der süße niederländische Pudding enthält Aprikosen.

### 7 Melktert
Das milchreiche, süße Puddingtörtchen stammt aus niederländisch-malaiischer Kochtradition.

### 8 Koeksister
Die »Kuchenschwestern«, ein spiralförmiges Gebäck, haben eine Krapfen ähnliche Konsistenz und eine sehr süße Glasur.

### 9 Pap 'n' Stew
Der Fleischeintopf, eine in Südafrika verbreitete traditionelle Speise, wird mit *mealie pap* (Maisbrei) gegessen.

### 10 Biltong
Die luftgetrockneten, gesalzenen würzigen rohen Wild- oder Rindfleischstreifen sind ein Genuss.

Ladysmith Black Mambazo auf dem Cape Town International Jazz Festival

# Festivals & Veranstaltungen

### 1 Kaapse Klopse
Das auch als Cape Minstrel Carnival bekannte Neujahrsfest entstand als Reaktion einstiger Sklaven auf einen Besuch der »Schwarzgesichter« – weißer amerikanischer Barden, die ihre Gesichter mit Kohle färbten – im Jahr 1848. Einheimische malen ihre Gesichter weiß an und marschieren durch Kapstadt. 🕾 *1. Jan*

### 2 Open-Air Theatre, Maynardville
Seit der Eröffnung 1956 mit *Der Widerspenstigen Zähmung* findet in dem Freilichttheater im Maynardville Park ein Shakespeare-Festival statt. Das Theater bietet 720 Besuchern Platz und zieht jährlich über 20 000 Zuschauer an. 🕾 *Karte J2 • nordöstl. Kreuzung Church St/Wolf St, Wynberg • (021) 421 7695 • Jan–Feb • www.maynardville.co.za*

### 3 Cape Town Pride Festival
Das größte homosexuelle Festival Kapstadts wird seit 2001 gefeiert. Am Pride Parade Day finden eine farbenfrohe Parade, Drag Shows, Modenschauen und eine große Abschlussparty statt. Außerdem beinhaltet das zweiwöchige Event Schauspiel, Bälle, Teegesellschaften und Filmvorführungen. 🕾 *(021) 425 6463 • Feb–März • www.capetownpride.co.za*

### 4 Cape Town Festival
Kapstadts bedeutendstes Kunstfestival wurde 1999 initiiert, um die ethnische Vielfalt zu würdigen und Integration zu fördern.
Es findet im April in Gardens *(siehe S. 8f)* statt. 🕾 *(021) 465 9042 • Apr • www.capetownfestival.co.za*

### 5 Cape Town International Jazz Festival
Auf Südafrikas größtem Jazzfestival waren bereits Gino Vannelli, Randy Crawford, Ladysmith Black Mambazo und Themba Mkhize zu Gast. 🕾 *(021) 422 5651 • letztes Wochenende im März • www.capetownjazzfest.com*

### 6 Stellenbosch Wine Festival
Die viertägige Veranstaltung, bei der mehr als 500 Sorten von 100 Weingütern des Kaps präsentiert werden, lockt viele Weinliebhaber nach Stellenbosch. Auf dem Programm stehen Weinseminare, Kunsthandwerks-Workshops und Attraktionen für Kinder. 🕾 *Karte D2 • (021) 886 4310 • 31. Juli–3. Aug • www.wineroute.co.za*

### 7 Hermanus Whale Festival
In Hermanus findet jedes Jahr Ende September das einwöchige Walfestival statt. Das Fest auf dem Marktplatz beinhaltet

**Kaapse Klopse**

*Mehr über Hermanus siehe S. 95*

»Eiermann«, Whale Festival, Hermanus

Live-Musik, Sportveranstaltungen und die Beobachtung von Walen, den größten Säugetieren der Welt. Karte U5 • (028) 313 0928 • Okt • www.whalefestival.co.za

## 8 Cape Town International Comedy Festival

Auf dem Festival, das seit 1997 stattfindet, treten einheimische und internationale Künstler auf. Veranstaltungsorte sind z. B. Baxter, Artscape und Labi Theatre. (021) 685 7880 • 3 Wochen Mitte Sep • www.comedyfestival.co.za

## 9 Kirstenbosch Summer Sunset Concerts

Sonntags kann man bei Freiluftkonzerten im Amphitheater des Botanischen Gartens den Sonnenuntergang genießen. Musikalisch werden alle Geschmacksrichtungen bedient. Karte H2 • Rhodes Avenue, Newlands • (021) 761 2866

## 10 Oude Libertas Summer Festival

Das Musikfestival auf dem historischen Anwesen Oude Libertas auf dem Papagaaisberg bietet ein vielfältiges Programm – von Kammermusik über Jazz bis zu boeremusiek (afrikaanser Folk) und vielen anderen Stilen. Stellenbosch • (021) 809 7473 • Dez–März • www.oudelibertas.net

# Top 10 Souvenirs

## 1 Scarab Paper
Das handgemachte Schreibpapier wird nach einem alten chinesischen Verfahren aus Elefantendung gefertigt.

## 2 Perlenarbeiten der Ndebele
In der Region Limpopo sind verschiedenste Hals- und Fußketten sowie Armbänder im typischen Stil der Volksgruppe der Ndebele erhältlich.

## 3 Korbwaren der Zulu
Südafrikas größte Ethnie fertigt kunstvolle Korbwaren.

## 4 Kerzen der Swazi
In Swaziland und Mpumalanga entstehen bunte Kerzen in interessanten Formen.

## 5 Amarula
Der Creme-Likör wird aus den mirabellenähnlichen Früchten des endemischen Marula-Baums hergestellt.

## 6 CDs
Jedes gute Musikgeschäft führt eine Auswahl an CDs, die mit der lebendigen südafrikanischen Musikszene bekannt machen.

## 7 Straußenleder
Aus der Haut der großen Vögel werden hochwertige Handtaschen gefertigt.

## 8 Mohairschals
Südafrikanische Mohairschals gelten als die besten und weichsten der Welt.

## 9 Wein
Weinkenner sparen beim Einkauf vor Ort erhebliche Summen. Arrangieren Sie den fachgerechten Versand der Flaschen in Ihre Heimat.

## 10 Afrikanische Kunst
Viele Läden verkaufen schöne afrikanische Masken, Schnitzarbeiten und Batiken, die v. a. nördlich des Limpopo gefertigt werden.

# STADTTEILE & REGIONEN

TOP 10 KAPSTADT

Links **Haupteingang, Iziko Castle of Good Hope** Rechts **Spazierweg in Gardens**

# Zentrum von Kapstadt

DAS HISTORISCHE ZENTRUM *der ältesten Stadt Südafrikas wird im Norden von der Table Bay, im Süden vom Tafelberg begrenzt. Zwischen den Vierteln der Innenstadt City Bowl und den Bezirken an der Atlantikküste ragt der imposante Signal Hill empor. Der Ruf Kapstadts als eines der bedeutenden kulturellen Zentren Afrikas gründet auf dem Reichtum an historischen Gebäuden, den exzellenten Museen, den vielen Kinos, Restaurants und Clubs sowie der*

*lebendigen Atmosphäre. Der Blick auf den majestätischen Tafelberg, ob von den Wällen des Iziko Castle of Good Hope oder den Cafés an der V&A Waterfront, ist unbestrittener Glanzpunkt eines Zentrum-Besuchs.*

**Fassade des District Six Museum**

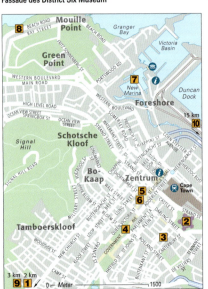

## Attraktionen

1. Tafelberg
2. Iziko Castle of Good Hope
3. District Six Museum
4. Gardens
5. Greenmarket Square
6. Iziko Michaelis Collection
7. V&A Waterfront
8. Beach Road
9. Camps Bay
10. Bloubergstrand

*Vorhergehende Doppelseite*
**Küste am Boulders Beach, Simon's Town**

### 1 Tafelberg

Die rotierenden Kabinen der Seilbahn, die zu der Aussichtsplattform auf 1087 Metern Höhe fährt, bieten Rundumsicht über Kapstadts Zentrum bis zu den Hottentots-Holland-Bergen. Auf dem Plateau kann man auf einem Netz von Fußwegen *Fynbos* und Fauna erkunden. Maclear's Beacon, der höchste Punkt des Tafelbergs, ist von der Gipfelstation der Seilbahn in einer Stunde zu erreichen. Abenteuerlustige wagen den 112 Meter langen, von Abseil Africa überwachten Abstieg von einem Felsen über der Camps Bay *(siehe S. 18f)*.

### 2 Iziko Castle of Good Hope

Das älteste Gebäude Kapstadts (1666–79) steht heute aufgrund von Landgewinnung an der Küste entfernt. Es ist militärischer Stützpunkt der Provinz Westkap. Steinmetzarbeiten am Glockenturm und das Basrelief von Anton Anreith über dem Kat Balcony lockern die zweckorientierte Gestaltung der fünfeckigen Anlage aus Schiefer und Sandstein auf. Die Burg bietet ein Militärmuseum und die William-Fehr-Kunstsammlung aus dem 19. Jahrhundert *(siehe S. 16f)*.

### 3 District Six Museum

Das bewegende Museum widmet sich dem in der Zeit der Apartheid *(siehe S. 34f)* zerstörten District Six. Es ist in der Buitenkant Methodist Church ansässig, einem ehemaligen Zentrum der Anti-Apartheid-Bewegung, das 1988 geschlossen wurde. Ein großer, mit Anmerkungen versehener Plan des Viertels zu dessen multikultureller Blütezeit ist Herzstück des Museums. Andere Exponate bezeugen die Grausamkeit des Rassismus, der Südafrika fast ein halbes Jahrhundert lang beherrschte *(siehe S. 14f)*.

### 4 Gardens

Der 1652 als Nutzgarten für die Versorgung von in der Table Bay ankernden Schiffen der Niederländischen Ostindien-Kompanie (VOC) angelegte Park ist zugleich Botanischer Garten. Er liegt in der Innenstadt im Zentrum der sogenannten Museumsmeile. Im Hintergrund erhebt sich der Tafelberg. Gardens lädt zum Entspannen und Spazierengehen ein. Die Gebäude an den Grünflächen wie die Iziko Slave Lodge und das Iziko South African Museum & Planetarium lohnen einen Besuch *(siehe S. 8f)*.

Seilbahn auf den Tafelberg

*Alles über die VOC (auf Niederländisch)* **www.vocsite.nl**

Iziko Michaelis Collection

### 5 Greenmarket Square

Der kopfsteingepflasterte Platz im Herzen der Altstadt diente der VOC (Vereenigde Oostindische Compagnie) als Sklavenmarkt *(siehe S. 34).* Der Name geht auf die spätere Nutzung als Obst- und Gemüsemarkt zurück. In den 1950er Jahren wurde das Areal zu einem Parkplatz umfunktioniert. Heute finden auf dem malerischen Gelände ein beliebter panafrikanischer Kunsthandwerksmarkt und Darbietungen jonglierender, tanzender, singender und schauspielernder Straßenkünstler statt. Viele der umliegenden historischen Gebäude beherbergen vornehme Restaurants und Cafés. ◉ *Karte Q4*

### 6 Iziko Michaelis Collection

Die weltbekannte Sammlung niederländischer und flämischer Alter Meister (16. bis 18. Jahrhundert) wurde der Stadt 1914 von Sir Max Michaelis vermacht. Sie ist im Old

Town House untergebracht, das bis 1905 als Rathaus diente. Das Gebäude zählt zu den architektonischen Juwelen Kapstadts. Der elegante Säulenvorbau mit drei Bogen und der schöne Glockenturm repräsentieren den frühen Rokokostil der Kapregion.
◉ *Karte P4 • Greenmarket Square*
• *(021) 481 3933 • Mo–Sa 10–17 Uhr*
• *Eintritt: Spende • www.iziko.org.za*

### 7 V & A Waterfront

Das renovierte Hafenviertel ist Kapstadts größtes Shopping-Areal. Hunderte Geschäfte – von Filialen von Ladenketten bis zu originellen Kunsthandwerksläden – liegen neben vielen Restaurants und zahlreichen Urlauberattraktionen wie dem Nelson Mandela Gateway. Veranstalter bieten Hafenrundfahrten und Helikopterflüge über den Tafelberg an *(siehe S. 10f).*

Leuchtturm in Green Point, Beach Road

➡ *Im 17. Jahrhundert unterteilten die Europäer die Khoisan sprechenden Völker (Khoi) in die Gruppen Khokoi und San.*

Häuser an der Küstenstraße, Camps Bay

### 8 Beach Road

Die Straße führt durch das Viertel Green Point und Sea Point unmittelbar westlich des Stadtzentrums. Sie verläuft entlang einem reizvollen Abschnitt der Atlantikküste. Auf dem Grünstreifen zwischen Straße und Meer fahren Anwohner Skateboard, joggen oder führen ihre Hunde spazieren. Vor allem bei Sonnenuntergang kann man hier wunderbar flanieren. Der Leuchtturm in Green Point ist der älteste Südafrikas. ◉ *Karte K3*

### 9 Camps Bay

Bei dem wunderschön zwischen Berg und Ozean gelegenen Camps Bay geht die Atlantikküste Kapstadts in unberührte Küstenlandschaft der Kap-Halbinsel über. Der hübsche Ort besitzt einen der schönsten Strände im Großraum Kapstadt. Am Wasser liegen mehrere Restaurants und Bars. ◉ *Karte H1*

### 10 Bloubergstrand

Der lange Sandstrand 12 Kilometer nördlich des Zentrums bietet einen wunderbaren Blick auf Kapstadt: Im Vordergrund glitzert das Wasser der Table Bay, im Hintergrund erhebt sich der majestätische Tafelberg. Der Strand ist im Sommer bei Einheimischen beliebt, aber selten überfüllt. In dem kalten Wasser abseits der Küste sind in der entsprechenden Jahreszeit oft Delfine und Wale zu sehen. ◉ *Karte B2*

## Ein Tag im Zentrum von Kapstadt

### Vormittag

Besuchen Sie nach dem Frühstück die berührende Ausstellung im **District Six Museum** *(siehe S. 14f)*. Gehen Sie die Buitenkant Road zurück zum **Iziko Castle of Good Hope**, *(siehe S. 16f)*. Machen Sie unterwegs halt, um das **Rathaus** *(siehe S. 17)* zu betrachten, wo Nelson Mandela 1990 seine erste öffentliche Rede nach der Haftentlassung hielt. Nehmen Sie im Castle of Good Hope einen Imbiss im De Goeweneur Restaurant. Um 11 Uhr können Sie sich einer kostenlosen Führung anschließen, um 12 Uhr am Haupteingang das Abfeuern der Signalkanone beobachten. Besuchen Sie nun die beiden Museen der Festung und essen Sie im De Goeweneur zu Mittag. Um 12.45 Uhr starten Pferdekutschen zu Touren durch das historische Kapstadt. Steigen Sie bei **Gardens** aus *(siehe S. 8f)*.

### Nachmittag

Hier bieten sich zahlreiche Alternativen für ein Mittagessen: Gardens Tea Room gegenüber dem Vogelhaus ist bei schönem Wetter, das stimmungsvolle Crypt Restaurant in der **St George's Cathedral** *(siehe S. 8)* bei schlechtem Wetter erste Wahl. Schlendern Sie anschließend durch Gardens und besuchen Sie eines der Museen wie **National Gallery** *(siehe S. 9)* oder **Iziko Slave Lodge** *(siehe S. 8)*. Sollten Sie Hunger verspüren, spazieren Sie zum **Mount Nelson Hotel** *(siehe S. 112)*, um dort das fabelhafte Afternoon-Tea-Büfett zu genießen (14.30 – 17.30 Uhr), bevor Sie in Ihr Hotel zurückkehren.

Links **Bo-Kaap** Mitte **Instrument im Iziko Planetarium** Rechts **Iziko South African Museum**

# Dies & Das

### 1 Iziko Planetarium
Das zentral gelegene Planetarium präsentiert in täglichen Vorführungen den faszinierenden südlichen Sternenhimmel. Urlauber, die den klaren, glänzenden Nachthimmel in der Karoo sehen möchten, bekommen hier einen Vorgeschmack *(siehe S. 9)*.

### 2 St George's Mall
Die Fußgängerzone im Herzen der Altstadt ist voller Marktstände und Straßenmusiker. 🔎 *Karte Q4–Q5*

### 3 Iziko South African Museum
Die Ausstellungen widmen sich überwiegend der Naturgeschichte, aber auch prähistorischen Felszeichnungen *(siehe S. 9)*.

### 4 South African Jewish Museum
Das faszinierende Museum in der ältesten Synagoge Südafrikas dokumentiert die Geschichte der jüdischen Bevölkerung. 🔎 *Karte P6 • Hatfield St • (021) 465 1546 • So–Do 10–17 Uhr, Fr 10–14 Uhr • Eintritt • www. sajewishmuseum.co.za*

### 5 Bo-Kaap
Die Heimat der Kapmalaien Bo-Kaap (Oberes Kap) ist für farbenfrohe Häuser bekannt. Ein kleines Museum widmet sich der Geschichte des Viertels *(siehe S. 51)*. 🔎 *Karte Q4*

### 6 Gold of Africa Museum
Das Museum bezeugt die Bedeutung des Goldes für die Wirtschaft des präkolonialen Afrika. 🔎 *Karte P4 • 96 Strand St • (021) 405 1540 • Mo–Sa 9.30–17 Uhr • Eintritt • www.goldofafrica.com*

### 7 Signal Hill & Lion's Head
Der Aufstieg oder die Fahrt auf den Signal Hill sind äußerst lohnenswert. Bei Sonnenuntergang blickt man auf die funkelnden Lichter der Stadt. 🔎 *Karte M3*

### 8 Clifton Beach
Der dem Stadtzentrum nächstgelegene Strand ist an Wochenenden und Feiertagen gut besucht. 🔎 *Karte A2*

### 9 Association for the Visual Arts
Die Galerie widmet sich der Förderung zeitgenössischer südafrikanischer Kunst. Die Ausstellungen wechseln etwa alle drei Wochen. 🔎 *Karte P4 • 35 Church St • (021) 424 7436 • Mo–Fr 10–17 Uhr, Sa 10–13 Uhr • www.ava.co.za*

### 10 Iziko Bertram House Museum
Das in den 1980er Jahren renovierte georgianische Stadthaus birgt zehn Sammlungen, u. a. von zeitgenössischen Möbeln und Porzellan. 🔎 *Karte P6 • Orange St • (021) 424 9381 • Mo & Fr 10–16.30 Uhr • www.iziko.org.za*

➡️ *Bereisen Sie die Gegend um Signal Hill und Lion's Head zu Ihrer eigenen Sicherheit in einer Gruppe.*

Links **Folkloreschmuck, Greenmarket Square** Rechts **Victoria Wharf Mall, V&A Waterfront**

# 🔟 Läden, Malls & Märkte

### 1 V&A Waterfront
Die Waterfront bietet wunderbares Hafenflair sowie eine unvergleichliche Auswahl an Läden und Restaurants *(siehe S. 10f).*

### 2 Long Street
Die Kult-, Handwerks- und Secondhand-Läden in der Long Street sorgen für ein schillerndes Shopping-Erlebnis. 🚇 *Karte P5*

### 3 Pan African Market
Der Markt verfügt über ein hervorragendes Angebot an Kunsthandwerk aus ganz Afrika. Neben netten Cafés findet man hier auch einen Friseurladen und eine Schneiderei. 🚇 *Karte P4*
• *76 Long St • (021) 426 4478*

### 4 Greenmarket Square
Der älteste Flohmarkt der Stadt beim Greenmarket Square ist äußerst lebendig. Im Angebot sind afrikanisches Kunsthandwerk sowie folkloristische Kleidung und Schmuck *(siehe S. 60).*

### 5 Cape Quarter
Das Shopping-Center in dem schicken Vorort De Waterkant beherbergt auf Kunsthandwerk und Schmuck spezialisierte Läden. Es bietet außerdem mehrere Restaurants und Cafés.
🚇 *Karte P3 • 72 Waterkant St • (021) 421 0737*
• *www.capequarter.co.za*

### 6 Gardens Shopping Centre
Die beliebteste Shopping Mall in der City Bowl beherbergt zahlreiche Boutiquen, aber auch einige Filialen von großen Ladenketten. 🚇 *Karte P6 • Mill St • (021) 465 1842*

### 7 Station Flea Market
Die Stände beim Bahnhof in der Adderley Street verkaufen bodenständige, auf den örtlichen Bedarf abgestimmte Waren.
🚇 *Karte Q4*

### 8 Green Point Flea Market
Sonntags, wenn es in anderen Malls und Märkten eher ruhig zugeht, lockt der Flohmarkt mit einem bunt gemischten Angebot.
🚇 *Karte P2 • (021) 439 4805 • So*

### 9 Canal Walk
Shuttle-Busse bringen Besucher von den großen Hotels der Stadt zu dem Komplex mit Läden, Kinos und Restaurants. Seine Größe ist mit der V&A Waterfront vergleichbar. 🚇 *Karte R5*
• *(021) 555 4433 • www.canalwalk.co.za*

### 🔟 The Cape Gallery
Die Galerie in einem historischen Gebäude bietet die beste Möglichkeit, Werke ausgewählter einheimischer Künstler zu erstehen.
🚇 *Karte P4 • 60 Church St*
• *(021) 423 5309 • Mo–Fr 9.30–17 Uhr, Sa 10–14 Uhr*
• *www.capegallery.co.za*

Links **Kutschfahrt mit der Cape Town Carriage Company** Rechts **Weinprobe in Boschendal**

# Geführte Touren & Tagesausflüge

## 1 Cape Town Carriage Company
Die Fahrten in Pferdekutschen durch das historische Kapstadt führen vom Iziko Castle of Good Hope zu Gardens und den umliegenden Museen. ☎ *(021) 703 4396*
• *Abfahrt: 10.30, 12.45 & 14.45 Uhr*

## 2 Inverdoorn Game Reserve
Das faszinierende Schutzgebiet liegt zweieinhalb Autostunden von Kapstadt entfernt in der Karoo. Breitmaulnashörner zählen zu dem reichen Tierbestand. Es gibt viele Einrichtungen und Freizeitangebote *(siehe S. 43)*.

## 3 Weinproben
Die von Kapstadt, Stellenbosch und Franschhoek aus angebotenen geführten Touren durch die Weinregion bieten die beste Möglichkeit, an Weinproben teilzunehmen *(siehe S. 105)*.

## 4 Tagesausflug zum Kap der Guten Hoffnung
Geführte Touren zu Cape Point schließen einen Besuch der Pinguinkolonie in Boulders und Halte an der Atlantikküste ein.

## 5 District-Six- & Township-Touren
Die Touren zum District Six Museum und in die Townships Langa und Khayelitsha beinhalten Lunch in einem Lokal oder einer *shebeen* (Bar). Zibonele Tours bietet mehrere Optionen. ☎ *Zibonele Tours: (072) 740 1604 • www.ziboneletours.co.za*

## 6 Robben Island
Der beliebteste Tagesausflug von Kapstadt aus ist vermutlich die geführte Besichtigung von Robben Island, zu der auch die Bootsfahrt vom Nelson Mandela Gateway an der V&A Waterfront gehört *(siehe S. 12f)*.

## 7 Bootsfahrten mit Wal- & Delfinbeobachtung
Die Ausflüge in die Table Bay unternimmt man am besten bei ruhiger See. Kioske an der V&A Waterfront nehmen Buchungen entgegen. Die Table Bay bietet allerdings geringere Chancen der Sichtung als Hermanus.

## 8 Klippenspringen
Das Springen von Felsklippen in Becken der Bergbäche in der Weinregion ist ein besonderes Spektakel. Tagesausflüge beinhalten die Wanderung zu den Klippen *(siehe S. 49)*.

## 9 Helikopterflüge über die Table Bay
An der V&A Waterfront bieten mehrere Veranstalter Helikopterflüge an, die eine fantastische Sicht auf den Tafelberg und Kapstadt garantieren *(siehe S. 48)*.

## 10 Tageswanderung auf den Tafelberg
Erfahrene Wanderer schätzen die Routen auf den Tafelberg. Die Begleitung eines erfahrenen Führers ist insbesondere bei unsicherer Witterung zu empfehlen. ☎ *Cape Eco-Tours: (021) 919 2282*

 *Fragen Sie im Hotel nach Veranstaltern von Tagesausflügen oder buchen sie Day Trippers (021) 511 4766; www.daytrippers.co.za*

Links **Mitchell's Waterfront Brewery** Mitte **Bascule Bar** Rechts **Café Manhattan**

# Bars & Cafés

### 1 Jo'burg
Das Jo'burg in der Long Street zieht seit Langem Party-gäste an. Es ist wegen der mitrei-ßenden Musik und der erschwing-lichen Getränke beliebt. ⊗ *Karte P5*
• *218 Long St* • *(021) 442 0142*

### 2 Asoka
Die stilvolle Bar in einem ele-ganten viktorianischen Stadthaus lockt mit köstlichen Cocktails und leckeren Tapas. ⊗ *Karte N6*
• *68 Kloof St* • *(021) 422 0909*

### 3 Fireman's Arms
Drinnen wie draußen sorgen Tische auf Böcken, viele Biersor-ten und eine einfache Speiseka-rte für entspannte Kneipenatmo-sphäre. ⊗ *Karte Q3* • *nordöstl. Buiten-gracht St & Mechau St* • *(021) 419 1513*

### 4 Bascule Whisky, Wine & Cocktail Bar
Die größte Whisky-Auswahl Süd-afrikas, Abende mit Whisky-Pro-ben, eine gute Weinkarte und frisch gezapftes Bier sind die Pluspunkte der Bar an der Water-front. ⊗ *Karte Q2* • *Cape Grace, V&A Waterfront* • *(021) 410 7083*

### 5 Ferryman's Tavern
In dem viktorianischen Lagerhaus kann man bei frisch gezapftem Bier englische Pub-Atmosphäre genie-ßen. Es gibt Tische im Freien. ⊗ *Karte P2* • *V&A Waterfront* • *(021) 419 7748*

### 6 Mitchell's Waterfront Brewery
Die Bar teilt sich das Gebäude mit der Ferryman's Tavern. Hier wird Mitchell's Raven ausge-schenkt – eines der wenigen aus Privatbrauereien stammenden südafrikanischen Biere. ⊗ *Karte P2*
• *V&A Waterfront* • *(021) 418 4261*

### 7 Buena Vista Social Café
Die Bar mit kubanischem Motto serviert zu schwungvollem Salsa regionale Weine und impor-tierte Spirituosen. ⊗ *Karte N2*
• *81 Main Rd, Green Pt* • *(021) 433 0611*

### 8 Neighbourhood Restaurant, Bar & Lounge
Die Gastro-Bar bietet ein Spiele-zimmer, Sportübertragungen auf großen Bildschirmen und einen Balkon zur Long Street. ⊗ *Karte P4*
• *163 Long Street* • *(021) 424 7260*

### 9 Café Manhattan
Der leuchtend rot gestriche-ne einstige Homosexuellentreff hat nun gemischtes Publikum. ⊗ *Karte P3* • *74 Waterkant St* • *(021) 421 6666*

### 10 Nose Wine Bar
In Kapstadts bes-ter Weinbar wird die passende Flasche Wein zu Ihrem Gericht empfohlen. Es gibt hier auch eine beacht-liche Auswahl an offe-nen Weinen. ⊗ *Karte P2*
• *72 Waterkant St* • *(021) 425 2200*

Links **Musiker im Mama Africa** Mitte **Zula Sound Bar** Rechts **Roots**

# TOP 10 Musik- & Nachtclubs

### 1 Mama Africa
In dem legendären Bar-Restaurant mit zeitgenössischer afrikanischer Einrichtung werden zu traditioneller Musik ausgezeichnete panafrikanische Speisen serviert. ◈ *Karte P5 • 178 Long St • (021) 426 1017*

### 2 Zula Sound Bar
In dem seit Langem beliebten Club in der Long Street gibt es an vielen Abenden Live-Musik – von südafrikanischem und internationalem Rock bis zu Akustik-Sessions. ◈ *Karte P5 • 194 Long St • (021) 424 2442 • www.zulabar.co.za*

### 3 Roots
Das entspannte Lokal spricht vor allem Reggae-Fans an. Die Live-Musik-Darbietungen bedienen aber auch andere Geschmäcker. ◈ *Karte P5 • Lower Main Road, Observatory • (021) 448 7656*

### 4 The Assembly
In dem Spitzenclub für Underground-Musik treten einheimische und internationale Bands auf. ◈ *Karte Q5 • 61 Harrington Street • (021) 465 7286*

### 5 Green Dolphin Café
Das Waterfront-Café steht in dem Ruf, die weltweit meisten Live-jazz-Abende veranstaltet zu haben.
◈ *Karte P2 • V&A Waterfront • (021) 421 7471 • www.greendolphin.co.za*

### 6 Marimba Restaurant
In dem vornehmen Restaurant im Cape Town International Convention Centre werden afrikanischer Jazz und Weltmusik gespielt. ◈ *Karte Q3 • nordöstl. Coen Steyler St & Heerengracht St • (021) 418 3366 • www.marimbasa.com*

### 7 Fiction DJ Bar & Lounge
Hervorragende einheimische DJs sorgen donnerstag- bis sonntagabends mit unterschiedlichen Stilrichtungen für pulsierende Atmosphäre. ◈ *Karte P5 • 226 Long Street • (021) 424 5709*

### 8 Chrome
Der edle Club abseits der schicken Long Street zieht ein älteres Publikum an. Es gibt eine große Tanzfläche und eine VIP-Lounge. ◈ *Karte P5 • 6 Pepper St • (083) 700 6078 • www.chromect.com*

### 9 Bronx
Kapstadts bekannteste Bar für Homosexuelle bietet einen vollen Veranstaltungskalender. Die Schar der Partygäste ist bunt gemischt. ◈ *Karte P3 • 22 Somerset Rd, Green Point • (021) 419 9216 • www.bronx.co.za*

### 10 Dizzy's
In der raucherfreundlichen Bar spielen Livebands Cover-Versionen. Danach legt ein DJ auf. ◈ *Karte N6 • 39 & 41 The Drive, Camps Bay • (021) 438 2686 • www.dizzys.co.za*

*Die meisten der hier genannten Clubs kündigen Live-Auftritte auf ihren Websites an.*

Links **Vorstellung im Artscape Theatre Centre** Rechts **Show im On Broadway**

# Theater & Unterhaltung

### 1 Artscape Theatre Centre
Kapstadts bedeutendste Bühne für darstellende Kunst präsentiert Ballett, Oper und Cabaret.
◈ *Karte R4 • D. F. Malan St • (021) 410 9800 • www.artscape.co.za*

### 2 Labia Cinema
Das nach dem Stifter Graf Labia benannte Programmkino zeigt außergewöhnliche Filme jenseits des Mainstream.
◈ *Karte N6 • 68 Orange St • (021) 424 5927 • www.labia.co.za*

### 3 Little Theatre
Das Schauspielseminar der University of Cape Town (UCT) bringt im Little Theatre häufig experimentelle Produktionen der Studenten auf die Bühne.
◈ *Karte P6 • 37 Orange St • (021) 480 7129 • www.drama.uct.ac.za*

### 4 Theatre in the District
In einer umfunktionierten Kirche gibt es Shows über Kapstadt Einblick in das Leben in der Stadt. Zuvor werden typische Kap-Gerichte serviert. ◈ *Karte R5 • 106 Chapel Street • (021) 686 2150 • www.theatreinthedistrict. co.za*

### 5 Cape Philharmonic Orchestra
Das 1914 gegründete, älteste Symphonieorchester Südafrikas bietet viele Konzerte.
◈ *Karte R4 • Artscape, D. F. Malan St • (021) 410 9809 • www.cpo.org.za*

### 6 On Broadway
Das homosexuelle Abendlokal zeigt v. a. Drag Shows, Cabaret und Musicals. ◈ *Karte Q4 • 88 Shortmarket St • (021) 424 1194 • www.onbroadway.co.za*

### 7 Theatre on the Bay
Stand-up Comedy, Musicals und Possenspiele (häufig mit südafrikanischer Note) bilden das Programm des Theaters. ◈ *Karte G1 • 1A Link St, Camps Bay • (021) 438 3300 • www.theatreonthebay.co.za*

### 8 Kirstenbosch Summer Sunset Concerts
Auf den Freiluftkonzerten (Rock bis Big Band) in dem wunderschönen Botanischen Garten kann man bei Sonnenuntergang picknicken. ◈ *Karte H2 • Rhodes Avenue, Newlands • (021) 761 2866*

### 9 Baxter Theatre
Das Baxter ist seit Langem eines der innovativsten Theater der Stadt. In den 1980er Jahren stellte es sich offen gegen die Apartheid. ◈ *Karte J1 • (021) 680 3989 • Main Rd, Rondebosch • www.baxter. co.za*

### 10 Evita se Perron
Das Abendlokal ist nach Evita Bezuidenhout benannt, dem von dem Satiriker Pieter-Dirk Uys kreierten südafrikanischen Pendant Edna Everages.
◈ *Karte T3 • Darling • (022) 492 2851 • www.evita.co.za*

*Die Ausgaben von Weekly Mail und Guardian der Kapregion geben Aufführungen von alternativer Musik und Theater bekannt.*

67

Links **221 Waterfront** Mitte **Den Anker Bar and Restaurant** Rechts **Belthazar**

# Restaurants – V&A Waterfront

### 1 Willoughby & Co
Seafood ist die Spezialität des legeren Lokals an der Victoria Wharf. Das Sushi und die Auswahl an offenen Weinen sind bemerkenswert. 🚫 *Karte Q1 • (021) 418 6115 • RRR*

### 2 221 Waterfront
Alle Tische in dem mehrstöckigen, äußerst eleganten Restaurant bieten fantastische Aussicht. Die internationale Fusionsküche ist fantastisch. Es gibt eine Cocktail-Lounge. 🚫 *Karte Q1 • obere Etage, Victoria Wharf • (021) 418 3633 • RRR*

### 3 Sevruga
Die vielseitige Speisekarte führt sehr gute Gerichte, die umfangreiche Weinkarte enthält vorwiegend regionale Erzeugnisse. Das Personal ist stets freundlich, wenngleich zuweilen etwas zu leger. 🚫 *Karte Q5 • Shop 4, Quay 5 • (021) 421 5134 • RRRR*

### 4 Baia Seafood Restaurant
Seafood und Fleischgerichte in dem hell eingerichteten Restaurant sind erstklassig. Der Balkon bietet Blick auf den Tafelberg. 🚫 *Karte Q1 • (021) 421 0935 • RRRRR*

### 5 Den Anker Bar and Restaurant
Die großartige Lage am Wasser und die hohen Räume zeichnen das Restaurant aus. Serviert werden belgische Spezialitäten wie Muscheln und Kaninchen sowie belgisches Bier. 🚫 *Karte P2 • (021) 419 0249 • RRRR*

### 6 Belthazar Restaurant & Wine Bar
Das auf Fleisch und Geflügel spezialisierte Steakhouse ist mehrfach preisgekrönt. Es besitzt angeblich die längste Karte offener Weine der Welt. 🚫 *Karte Q1 • (021) 421 3753 • RRRRR*

### 7 Green Dolphin Café
Ausgefallene Fleisch- und Seafood-Gerichte mit vielfältigen Einflüssen werden von einer großartigen Weinauswahl begleitet. Abends wird Jazz gespielt. Es gibt auch Tische im Freien. 🚫 *Karte P2 • (021) 421 7471 • RRRRR*

### 8 Vida e Caffé
Die Behauptung, das Café serviere den besten Kaffee der Welt, ist nicht ganz unberechtigt. Auch die Auswahl an Gebäck ist hervorragend. 🚫 *Karte Q1 • (021) 425 9440 • R*

### 9 Harrie's Pancakes
Das beliebte Mittagslokal besitzt eine günstige Lage am Nelson Mandela Gateway *(siehe S. 11)* nach Robben Island. Es ist für pikant und süß gefüllte Pfannkuchen bekannt. 🚫 *Karte Q2 • (021) 421 0887 • R*

### 10 Rooti's Cape Malay Restaurant
Schlichte Einrichtung und ein gutes Angebot an kapmalaiischen Klassikern und anderen würzigen einheimischen Gerichten machen das Lokal bei Mittagsgästen beliebt. 🚫 *Karte Q2 • (021) 425 8810 • R*

**Preiskategorien**

| | |
|---|---|
| Preis für ein Drei-Gänge- | **R** unter 150 R |
| Menü pro Person mit | **RR** 150–200 R |
| einer halben Flasche | **RRR** 200–250 R |
| Wein, inkl. Steuern | **RRRR** 250–300 R |
| und Service. | **RRRRR** über 300 R |

Savoy Cabbage

# TOP10 Restaurants

### 1 The Cape Colony
Die südafrikanischen Gerichte mit starkem asiatischen Einfluss auf der Speisekarte des preisgekrönten Restaurants im Mount Nelson Hotel *(siehe S. 112)* wechseln. ⦸ *Karte P6 • 76 Orange St • (021) 483 1948 • RRRRR*

### 2 Savoy Cabbage
Die moderne Einrichtung in historischem Ambiente und die einfallsreiche Küche machen das Savoy Cabbage zu einem der angesagtesten Restaurants Kapstadts. ⦸ *Karte P4 • 101 Hout St • (021) 424 2626 • RRRRR*

### 3 Aubergine
Das Seafood kennzeichnet eine Mischung aus afrikanischen, asiatischen und europäischen Einflüssen. ⦸ *Karte P6 • 39 Barnet St, Gardens • (021) 465 4909 • RRRRR*

### 4 Bukhara
Die umfangreiche Speisekarte des besten indischen Restaurants in Kapstadt enthält viele vegetarische Gerichte. ⦸ *Karte Q4 • 33 Church St • (021) 424 0000 • RRRRR*

### 5 Millers Thumb
Die wechselnden kreolischen und Cajun-Seafood-Gerichte sind in dem legeren Lokal mit Holzböden und auffälligem Dekor auf Tafeln angeschrieben. ⦸ *Karte N6 • Kloof Nek Road, Tamboerskloof • (021) 424 3838 • RR*

### 6 Africa Café
Bei dem abendlichen Büffet mit panafrikanischen Speisen kann man die verschiedenen Aromen des Kontinents kosten. ⦸ *Karte P4 • 108 Shortmarket St • (021) 422 0221 • mittags geschl. • RRRR*

### 7 Chef Pon's Asian Kitchen
Das schlichte, preisgünstige Lokal bietet die größte Auswahl asiatischer Speisen in Kapstadt – mit Gerichten aus Japan, China und der Mongolei. ⦸ *Karte P6 • 12 Mill St, Gardens • (021) 465 5846 • RR*

### 8 Caveau
Am historischen Heritage Square werden nach Jahreszeit wechselnde Gerichte an Tischen im Freien serviert. Die Weinauswahl ist enorm. ⦸ *Karte P4 • Heritage Sq, 92 Bree St • (021) 422 1367 • RRRR*

### 9 Blues
Das Lokal ist seit 15 Jahren eine feste Größe in der Camps Bay. Es bietet innovative Fleischgerichte und Seafood mit italienischem Touch. ⦸ *Karte N6 • The Promenade, Victoria Rd, Camps Bay • (021) 438 2040 • RRRR*

### 10 Societi Bistro
Die verlockende Speisekarte des bei Einheimischen wie Urlaubern beliebten, erschwinglichen Lokals enthält saisonale regionale Gerichte. ⦸ *Karte P6 • 50 Orange St, Gardens • (021) 424 2100 • RRR*

➤ *Weitere Restaurants in Kapstadt & in der Region siehe S. 52f, S. 75, S. 81, S. 90f & S. 99*

Links **Weingut Steenberg** Rechts **Baracken vor Neubauten im Township Langa**

# Süden von Kapstadt

DIE HAUPTATTRAKTIONEN der Vororte Kapstadts befinden sich in dem von exklusiven Wohnanlagen geprägten Grüngürtel, der sich vom Zentrum in südlicher Richtung erstreckt. Er wird im Westen vom Tafelberg flankiert, im Osten liegen die Cape Flats. Naturliebhaber können in Kirstenbosch und Tokai in malerischer Landschaft spazieren gehen. Die Anwesen entlang der Constantia Wine Route sind ebenso einladend wie die weiter verstreut liegenden Weingüter rund um Stellenbosch. Das Irma Stern Museum ist für Kunstinteressierte ein kulturelles Highlight, Sportfreunde locken Rugby- oder Cricket-Spiele in die Weltklasse-Stadien in Newlands.

Proteablüten im Kirstenbosch National Botanical Garden

## Attraktionen

1. Rhodes Memorial
2. Irma Stern Museum
3. Rugby- & Cricket-Stadien, Newlands
4. Kirstenbosch National Botanical Garden
5. Iziko Groot Constantia
6. Klein Constantia
7. Tokai Forest & Arboretum
8. Weingut Buitenverwachting
9. Weingut Steenberg
10. Townships der Cape Flats

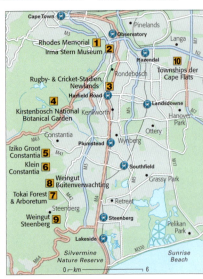

*Vorhergehende Doppelseite*
**Kirstenbosch National Botanical Garden**

**Rhodes Memorial**

### 1 Rhodes Memorial

Das Denkmal für den einstigen Premierminister der Kapregion und Gründer Rhodesiens (heute Simbabwe und Sambia) Cecil John Rhodes *(siehe S. 35)* steht auf einem Aussichtspunkt unter dem Devil's Peak. Der Blick über die Cape Flats ist unvergesslich. Dorische Säulen und Steinlöwen nach Vorbild der Nelson's Column in London verleihen dem Denkmal neoklassische Züge. ◎ *Karte H1 • (021) 689 9151 • Restaurant: tägl. 9–17 Uhr • www.rhodesmemorial.co.za*

### 2 Irma Stern Museum

Das 1971 eröffnete Museum ist in dem Haus untergebracht, in dem die vielseitige Künstlerin bis zu ihrem Tod 1966 lebte. Die impressionistischen Werke der in Deutschland ausgebildeten Malerin erzielten international Anerkennung, die Idealisierung afrikanischer Sujets sorgte in der Heimat für Kontroversen. Neben Bildern ist Sterns Sammlung afrikanischen Kunsthandwerks zu sehen, z. B. ein kongolesischer Stuhl (frühes 20. Jahrhundert). ◎ *Karten H1 • Cecil Rd, Rosebank • (021) 685 5686 • Di–Sa 10–17 Uhr • Eintritt • www.irmastern.co.za*

### 3 Rugby- & Cricket-Stadien, Newlands

Das erste Rugby-Spiel in Newlands fand 1891 statt. Die Mehrzweckarena für 51 100 Zuschauer ist Spielstätte einer der südafrikanischen Mannschaften der Super-14-Liga *(siehe S. 46)*. Das nahe, vom Tafelberg überragte Cricket-Stadion ist malerisch gelegen. ◎ *Karte J2*

### 4 Kirstenbosch National Botanical Garden

Der schönste Botanische Garten Südafrikas erstreckt sich an den östlichen Hängen des Tafelbergs. Er ist reich an Flora und an für die westliche Kapregion charakteristischen Vogelarten. Von dem Netz an auch für Rollstühle geeigneten Fußwegen können Besucher zu den oberen, mit *Fynbos* bedeckten Hanglagen des Tafelbergs steigen *(siehe S. 20f)*.

**Atelier im Irma Stern Museum**

➤ *Zur Biografie Irma Sterns*
**www.lifewithart.com/artists/irma-stern.html**

### 5 Iziko Groot Constantia

Das älteste Weingut Südafrikas liegt in dem Vorort Constantia an der Westseite des Tafelbergs. Die Verkostung der preisgekrönten Weine lohnt ebenso den Besuch des Anwesens wie das stattliche Manor House *(siehe S. 22f)*.

### 6 Klein Constantia

Auf dem Teil des ursprünglichen Anwesens van der Stels wird vermutlich der beste Wein Constantias erzeugt. Der Vin de Constance verdient besondere Beachtung: Er ist Nachfolger des unbehandelten, süßen Dessertweins, den einst Napoléon Bonaparte sehr schätzte. ◈ *Karte H2*
• *Klein Constantia Rd* • *(021) 794 5188*
• *Proben: Mo–Fr 9–17 Uhr, Sa 9–13 Uhr*
• *www.kleinconstantia.com*

### 7 Tokai Forest & Arboretum

Der von Kiefern und Eukalyptusbäumen geprägte Wald im Table Mountain National Park birgt auch ein viktorianisches Arboretum mit vielfältiger heimischer Flora. In dem bei Vogelbeobachtern beliebten Gebiet leben Bergbussarde und Blassuhus. ◈ *Karte H3* • *Tokai Rd, Tokai*
• *(021) 428 9111* • *tägl. 8–17 Uhr* • *Eintritt*
• *www.sanparks.org*

### 8 Weingut Buitenverwachting

Das kapholländische Gut (18. Jh.) am Fuß des Constantiaberg wurde in Anspielung an die 1825 von

**Weingut Buitenverwachting**

**Manor House Museum, Groot Constantia**

Ryk Cloete geerntete Menge von 100 Tonnen Trauben »Über Erwartung« genannt. Aushängeschild ist ein dem Bordeaux ähnlicher Cuvée, es werden auch unverschnittene Rot- und Weißweine produziert. Auf dem Anwesen gibt es ein Restaurant. ◈ *Karte H3*
• *Klein Constantia Rd, Constantia* • *(021) 794 5190* • *Proben: Mo–Fr 9–17 Uhr, Sa 9–13 Uhr* • *www.buitenverwachting.co.za*

### 9 Weingut Steenberg

Das Gut auf der ältesten Farm im Constantia Valley wurde 1682 von Catharina Ras unter dem Namen Swaaneweide gegründet. Später wirkte die über dem Gut aufragende Steenberg (Steinberg) namensgebend. Unter den prämierten Weinen stechen ein Sauvignon Blanc Reserve und der Steenberg Catharina Red hervor. Dem Anwesen ist auch ein Golfplatz angegliedert. ◈ *Karte H3* • *Steenberg Rd* • *(021) 713 2211* • *Proben: Mo–Fr 9.30–16.30 Uhr, Sa & So 10–16 Uhr; Führung durch den Weinkeller: nach tel. Voranmeldung* • *www.steenberg-vineyards.co.za*

### 10 Townships der Cape Flats

Bis in die 1940er Jahre war die sandige Ebene im Osten der Halbinsel fast unbesiedelt. Durch Zwangsumsiedlung Farbiger aus den dann Weißen vorbehaltenen Vororten entstanden Townships wie Khayelitsha, Langa und Gugulethu. Die Armut dort ist immer noch sehr groß. ◈ *Karte I1*

**Preiskategorien**

| | |
|---|---|
| Preis für ein Drei-Gänge-Menü pro Person mit einer halben Flasche Wein, inkl. Steuern und Service. | |

| | |
|---|---|
| **R** | unter 150 R |
| **RR** | 150–200 R |
| **RRR** | 200–250 R |
| **RRRR** | 250–300 R |
| **RRRRR** | über 300 R |

Simon's Restaurant, Iziko Groot Constantia

# TOP 10 Restaurants

### 1 Boer 'n Brit Pub
Das Lokal auf einem Gut aus dem 18. Jahrhundert bietet vernünftige Preise. Im Sommer kann man auf dem Balkon zu Mittag essen. ✆ *Karte H2 • Alphen Hotel, Alphen Dr, Constantia • (021) 794 5011 • RR*

### 2 Cape Malay Restaurant
Kapstadts führendes kapmalaiisches Restaurant liegt im historischen Hotel The Cellars-Hohenort. ✆ *Karte H2 • 93 Brommersvlei Rd, Constantia • (021) 794 2137 • RRRR*

### 3 Jonkershuis Restaurant
Das beliebte, gemütliche Restaurant in Groot Constantia bietet gute kapmalaiische Küche. Das Büfett am Abend ist preiswerter als die Mittagsgerichte. ✆ *Karte H2 • Groot Constantia • (021) 794 6255 • RRR*

### 4 Simon's Restaurant
Das zeitgenössische Restaurant in Groot Constantia ist für Steaks und Seafood bekannt. Für Kinder werden preisgünstige Sandwiches angeboten. ✆ *Karte H2 • Groot Constantia • (021) 794 1143 • RRRR*

### 5 Buitenverwachting Restaurant
Die Küche des mehrfach preisgekrönten Restaurants in der Weinregion kombiniert europäische und südafrikanische Einflüsse. Ein Café auf dem Weingut verkauft prall gefüllte Picknickkörbe. ✆ *Karte H2 • Buitenverwachting, Klein Constantia Rd • (021) 794 3522 • RRRRR*

### 6 Pastis
In der Brasserie werden französische Speisen, gefüllte Baguettes und Snacks an Tischen im Freien serviert. ✆ *Karte H2 • High Constantia Centre, Constantia Main Rd, Constantia • (021) 794 8334 • RRR*

### 7 Silvertree Restaurant
Das Restaurant liegt günstig im Kirstenbosch National Botanical Garden. Neben vollständigen Gerichten sind gefüllte Pfannkuchen, Sandwiches und Picknickkörbe erhältlich *(siehe S. 20)*.

### 8 Constantia Uitsig Restaurant
Zu südafrikanischen und italienischen Gerichten werden die auf dem Gut produzierten renommierten Weine gereicht. ✆ *Karte H2 • Constantia Uitsig, Spaanschemat River Rd • (021) 794 4480 • RRRRR*

### 9 La Colombe
Das Restaurant in einem kapholländischen Gebäude ist eine Institution Uitsigs. Die französische und die Fusionsküche sind erstklassig, ebenso die französischen und Kap-Weine. ✆ *Karte H2 • Constantia Uitsig, Spaanschemat River Rd • (021) 794 2390 • RRRRR*

### 10 Catharina's
Das Fünf-Sterne-Restaurant in einem geräumigen kapholländischen Haus (17. Jh.) auf Steenberg bietet Seafood und kapmalaiische Küche. ✆ *Karte H3 • Steenberg, Steenberg Rd, Tokai • (021) 713 2222 • RRRRR*

Stadtteile & Regionen – Süden von Kapstadt

Weitere Restaurants in Kapstadt und in der Region siehe S. 52f, S. 68f, S. 81, S. 90f & S. 99

Links **Fischerboote im Hafen, Hout Bay** Rechts **Blick auf Hout Bay vom Chapman's Peak Drive**

# Kap-Halbinsel

D*IE GEBIRGIGE KAP-HALBINSEL erstreckt sich von Kapstadt gen Süden bis nach Cape Point. Im Westen liegt der offene Atlantik, im Osten die False Bay. Zwei Drittel der Küstenlinie im Norden der Halbinsel bedecken malerische Dörfer, Sandstrände und hübsche Seebäder. Der zerklüftete Bergkamm ist über weite Strecken unbewohnt. Er bietet eine intakte Fynbos-Vegetation zwischen einzelnen Waldgebieten. Der Großteil der Halbinsel gehört zum Table Mountain National Park. Die Einwohner Kapstadts schätzen die fantastischen Naturerlebnisse und die vielfältigen Freizeitaktivitäten, die das Schutzgebiet ermöglicht. Die Schönheit der Kap-Halbinsel kann man vermutlich ein ganzes Leben lang erkunden. Besucher verbringen im Cape of Good Hope Nature Reserve (siehe S. 26f), bei der unterhaltsamen Pinguinkolonie am Boulders Beach bei Simon's Town sowie an den bezaubernden Stränden in Muizenberg, Noordhoek und Fish Hoek sicher unvergessliche Ferientage.*

**Rote Ibisse, World of Birds**

### 🕙 Attraktionen

1. **Rondevlei Nature Reserve**
2. **Muizenberg**
3. **Fish Hoek**
4. **Simon's Town & Boulders Beach**
5. **Township Imizamo Yethu**
6. **Noordhoek**
7. **Cape of Good Hope Nature Reserve**
8. **Chapman's Peak Drive**
9. **Hout Bay & Seal Island**
10. **World of Birds**

**Strandurlauber in Fish Hoek**

### Fish Hoek

**3** Das idyllische Dorf Fish Hoek liegt an der Mündung des Silvermine zwischen Muizenberg und Simon's Town. Der Strand ist einer der sichersten und wegen des warmen Wassers angenehmsten der Halbinsel. Der Jager's Path, der von der Stadt Richtung Süden auf den Klippen verläuft, bietet gute Aussichtspunkte für die Walbeobachtung. Die in den Bergen über der Stadt gelegene Peers Cave, eine der bedeutendsten archäologischen Stätten Südafrikas und nationales Wahrzeichen, enthält 11 000 Jahre alte Zeugnisse menschlicher Besiedelung. ◎ Karte H4

### Simon's Town & Boulders Beach

**4** Simon's Town dient seit mehr als 200 Jahren als Marinebasis. Die viktorianischen Fassaden in der auch als Historic Mile bekannten St George's Street tragen zum historischen Flair der Stadt bei. Der viktorianische Bahnhof ist die südliche Endhaltestelle einer der schönsten S-Bahn-Strecken der Welt, die entlang der Küste der False Bay nach Muizenberg führt. Die Pinguinkolonie am Boulders Beach südlich der Stadt ist eine große Attraktion *(siehe S. 24f)*.

### Rondevlei Nature Reserve

**1** Rondevlei, das schönste Vogelschutzgebiet in Kapstadt und Umgebung, liegt eine kurze Autofahrt nördlich von Muizenberg. Hier leben 230 Arten von Meeres- und Süßwasservögeln, die Besucher von dem kurzen Fußweg, der die Verstecke verbindet, erspähen. Es gibt zahlreiche Lappentaucher, Rallen, Reiher und Möwen. 1982 wurden hier Nilpferde angesiedelt. ◎ Karte J3 • 1 Fisherman's Walk, Rondevlei • (021) 706 2404 • März–Nov: tägl. 7.30–17 Uhr; Dez–Feb: tägl. 7.30–19 Uhr • Eintritt • www.rondevlei.co.za

### Muizenberg

**2** In dem Ort an der False Bay errichteten die Magnaten der Witwatersrand-Goldader Villen am Meer. Muizenberg ist heute weniger glanzvoll, bietet aber historische Sehenswürdigkeiten wie das 1742 als Zollhaus errichtete Het Posthuys, die Festungsmauer – ein Relikt der britisch-niederländischen Schlacht von Muizenberg 1795 –, den edwardianischen Bahnhof und das Museum in Rhodes Cottage, wo Rhodes 1902 starb. Der weite, geschützte Strand ist ein Schwimm- und Surf-Paradies. ◎ Karte J3

**Strand in Muizenberg**

Baracken am Berghang, Imizamo Yethu

### 5 Township Imizamo Yethu

In der Sprache isiXhosa bedeutet der Name »Durch gemeinsame Anstrengung«. Das kleine Township am Stadtrand von Hout Bay entstand nach dem Ende der Apartheid in den 1990er Jahren. Die malerische Lage über dem Hafen steht in starkem Kontrast zu den harten Lebensbedingungen der 14 000 Einwohner. Township Tours SA organisiert Besichtigungen von Imizamo Yethu.
*Karte G2 • Township Tours SA: (083) 719 4870; tägl. 10.30 Uhr, 13 Uhr & 16 Uhr*

### 6 Noordhoek

Noordhoek ist der schönste Strand der Kap-Halbinsel. Der malerische weiße Sandstreifen erstreckt sich vom Fuß des Chap-

man's Peak nach Kommetjie. Er lädt zu Spaziergängen und zur Vogelbeobachtung ein. Zuweilen ist hier der gefährdete Klippen-Austernfischer zu sehen. Noordhoek ist auch ein beliebtes Reitgebiet *(siehe S. 46)*. *Karte G3*

### 7 Cape of Good Hope Nature Reserve

Das Schutzgebiet ist landschaftlicher Höhepunkt der Kap-Halbinsel. Es ist wichtiger Lebensraum für die einzigartige *Fynbos*-Vegetation und Tiere wie Elenantilopen und den endemischen Buntbock. Rooikrans, Gifkommetjie und Cape Point bieten atemberaubende Aussicht *(siehe S. 26f)*.

### 8 Chapman's Peak Drive

Die zwischen 1915 und 1922 angelegte Straße ist nach dem darüber aufragenden Berggipfel benannt. Sie wurde aus einem Band weichen Schiefers in der beinahe senkrechten Klippenwand zwischen Hout Bay und Noordhoek geschlagen. Von den Parkplätzen an der Strecke kann man den Atlantik an den Fuß der Klippen branden sehen. Nach jahrelangen Reparaturarbeiten ist die Straße mittlerweile mautpflichtig.
*Karte G3*

Noordhoek

### 9 Hout Bay & Seal Island

Der kleine betriebsame Hafen von Hout Bay ist Startpunkt für Bootsausflüge nach Seal Island. Der flache Granitfelsen liegt sechs Kilometer vor der Küste. An den Ufern der Felsinsel lebt die mit 75 000 Tieren größte Kolonie Südafrikanischer Seebären. Besucher dürfen die Insel nicht betreten, von den Booten aus sind jedoch viele Seebären zu beobachten. Außerdem kann man Meeresvögel wie Klippen-Austernfischer und Brillenpinguine sehen. Seal Island beherbergt auch Brutkolonien dreier verschiedener Kormoranarten.
⊗ *Karte G3* • *Hout Bay* • *Touren: stündlich*

**Seebären auf Seal Island**

### 10 World of Birds

Der in einem grünen Vorort von Hout Bay gelegene Vogelpark beherbergt etwa 400 Arten – von einheimischen Gartenvögeln wie Bülbüls und Papageien bis zu faszinierenden Exoten wie Scharlachsichlern und Blauen Pfauen. World of Birds betreibt wichtige Zuchtprogramme für die gefährdeten Waldrappen und Kronenkraniche. Im Monkey Jungle leben Marmosetten, Tamarine und Totenkopfäffchen aus Südamerika sowie eine Gruppe pfiffiger Erdmännchen und madagassische Igeltenreks. ⊗ *Karte G2*
• *Valley Rd, Hout Bay* • *(021) 790 2730*
• *Eintritt* • *www.worldofbirds.org.za*

## Ein Ausflug mit dem Auto nach Cape Point

### Vormittag

🕐 Beginnen Sie die Fahrt entlang der Atlantikküste über Camps Bay möglichst früh am Tag. Planen Sie auf der 45-minütigen Strecke nach **Hout Bay** einige Pausen am **Chapman's Peak Drive** ein, um die wunderbare Aussicht zu genießen. Wenn Sie Hout Bay vor 9.30 Uhr erreichen, empfiehlt sich eine Bootsfahrt nach **Seal Island**. Fahren Sie anschließend Richtung Süden um das **Kap der Guten Hoffnung**. Machen Sie einen Stopp beim Besucherzentrum Buffelsfontein, bevor Sie den Parkplatz bei Cape Point erreichen. Das **Two Oceans Restaurant** *(siehe S. 81)* bietet malerischen Blick auf die False Bay. Das Mittagessen kann man aber auch nach dem steilen Aufstieg oder der Seilbahnfahrt zum **Cape Point Lighthouse** *(siehe S. 27)* einnehmen.

### Nachmittag

Spazieren Sie vom Parkplatz zum Strand am Kap der Guten Hoffnung hinab oder fahren Sie auf der Hauptstraße des Schutzgebiets zurück, die sich am Eingangstor Richtung Rooikrans, Gifkommetjie und Platboom teilt. Starten Sie gegen 15 Uhr auf der Küstenstraße an der False Bay Richtung **Simon's Town**. Vielleicht sichten Sie bei einer Pause Wale. Vor Simon's Town biegen Sie rechts ab zur Pinguinkolonie am **Boulders Beach**. Genießen Sie vor der Rückfahrt einen Drink im **Seaforth Restaurant** *(siehe S. 81)* oder im **Bertha's** *(siehe S. 81)* mit Blick auf Simon's Towns Hafen.

Links **Quayside Centre** Rechts **Kuriositäten auf dem Handwerksmarkt im Hafen von Hout Bay**

# TOP 10 Galerien & Läden

### 1 Kalk Bay Gallery
Die Galerie ist auf Werke von einheimischen Künstlern spezialisiert. Erstandene Stücke werden weltweit versandt. ◎ *Karte H4 • 62 Main Rd, Kalk Bay • (021) 788 1674*

### 2 Artvark
Neben Silber-, Kupfer- und Messingbestecken einzigartigen Stils wird handgearbeiteter Metallschmuck verkauft. ◎ *Karte H4 • 48 Main Rd, Kalk Bay • (021) 788 5584*

### 3 Quagga Rare Books & Art
Der renommierte antiquarische Buchladen führt viele bereits vergriffene Titel. ◎ *Karte H4 • 86 Main Rd, Kalk Bay • (021) 788 2752*

### 4 Kalk Bay Modern
Die Galerie zeigt moderne regionale Kunst, Textilien und Handwerk. ◎ *Karte H4 • Windsor House, 150 Main Rd, Kalk Bay • (021) 788 6571*

### 5 Quayside Centre
Das mehrstöckige Gebäude beim Quayside Hotel bietet Kuriositätenläden, eine Buchhandlung sowie Restaurants mit Blick auf Simon's Towns Hafen. ◎ *Karte H4*

**Skulptur in der Kalk Bay Modern**

### 6 Sophea Gallery
Die buddhistisch beeinflusste Anlage besteht aus einer Galerie für südafrikanische Kunst, einem tibetischen Teehaus mit vegetarischer Küche und einem Meditationsbereich. ◎ *Karte H4 • 2 Harrington Rd, Seaforth • (021) 786 1544*

### 7 Longbeach Mall
Die größte Shopping Mall der Halbinsel bietet 100 Läden, darunter Supermärkte, ein großes Kino, einen Kunsthandwerksmarkt, Restaurants und Cafés. ◎ *Karte H3 • nordöstl. Buller Louw & Sunydale Rd, Noordhoek • (021) 785 5955*

### 8 Ethno Bongo
Die aus Muscheln, Federn und Straußeneierschalen gefertigten Bilderrahmen, Kerzenhalter und Schmuckstücke sind wunderschöne, hochwertige Souvenirs. ◎ *Karte G2 • Main Rd, Hout Bay • (021) 790 0802*

### 9 Handwerksmarkt, Hafen von Hout Bay
An den Buden im Hafen werden regionale Produkte wie Batiken, Perlen- und Schnitzarbeiten feilgeboten. ◎ *Karte G3*

### 10 Rose Korber Art
Die renommierte Kunsthandlung führt Werke zeitgenössischer südafrikanischer Künstler. Einmal im Jahr wird eine Ausstellung der gefeiertsten modernen afrikanischen Künstler veranstaltet. ◎ *Karte H1 • 48 Sedgemoor Rd, Camps Bay • (021) 438 9152*

**Preiskategorien**

| | | |
|---|---|---|
| Preis für ein Drei-Gänge- | **R** | unter 150 R |
| Menü pro Person mit | **RR** | 150–200 R |
| einer halben Flasche | **RRR** | 200–250 R |
| Wein, inkl. Steuern | **RRRR** | 250–300 R |
| und Service. | **RRRRR** | über 300 R |

Bertha's

# 🔟 Restaurants

### 1 Olive Station
Das grandiose Olive Station ist zugleich Delikatessenladen und auf levantinische und mediterrane Küche spezialisiertes Restaurant. Die Speisen nach Art von Mezzes werden im Innenhof serviert. ✆ *Karte l3 • 165 Main Rd, Rondebosch • (021) 686 8224 • So & mittags geschl. • RR*

### 2 The Galley Restaurant
Das auch als Bayside bekannte Strandrestaurant bietet Fleischgerichte und Seafood. Die gemischte Meeresfrüchteplatte ist legendär. ✆ *Karte H4 • Fish Hoek • (021) 782 3354 • RR*

### 3 Bertha's
Das im Erdgeschoss des Quayside Centre schön gelegene Restaurant serviert Fleisch und Seafood zu vernünftigen Preisen. ✆ *Karte H4 • Simon's Town, Hafen • (021) 786 2138 • RR*

### 4 Bon Appétit
Das französische Restaurant in historischer Kulisse im British Hotel garantiert erstklassige Küche – die beste an der Küste der False Bay. ✆ *Karte H4 • 90 St George's St, Simon's Town • (021) 786 2412 • RRRR*

### 5 Seaforth Restaurant
Ein Besuch des Restaurants lässt sich prima mit der Besichtigung der Pinguinkolonie verbinden *(siehe S. 77)*. Es gibt Seafood, aber auch exzellente Pizza und Pasta. ✆ *Karte H4 • Seaforth Beach, Boulders • (021) 786 4810 • RR*

### 6 Two Oceans Restaurant
Das einzige Restaurant bei Cape Point bietet traumhaften Blick auf die False Bay. Im Laden nebenan kann man Burger, Sandwiches und andere Snacks mitnehmen. ✆ *Karte l6 • Cape Point • (021) 780 9200 • abends geschl. • RRRR*

### 7 Cape Point Ostrich Farm
In dem Restaurant auf der Straußenfarm beim Eingang zum Cape of Good Hope Nature Reserve werden köstliche Gerichte aus Straußenfleisch zubereitet. ✆ *Karte H6 • (021) 780 9294 • RRR*

### 8 Lookout Deck
Das beliebte Restaurant mit schöner Aussicht auf den Hafen bietet exzellentes Seafood und preiswerte Imbisse. ✆ *Karte G3 • Hout Bay Harbour • (021) 790 0900 • RR*

### 9 Suikerbossie Restaurant
In dem abgelegenen Restaurant (1940er Jahre) auf einem mit *suikerbos* (Zuckerahorn) bedeckten Berghang speist man wochentags à la carte, an Wochenenden vom Büfettt. ✆ *Karte G2 • Straße Kapstadt–Hout Bay • (021) 790 1450 • Mo geschl; So: Reservierung erforderl. • RRR*

### 10 Azure Restaurant
Das Gourmetrestaurant in dem luxuriösen 12 Apostles Hotel *(siehe S. 112)* im Süden der Camps Bay setzt *Fynbos*-Pflanzen als Kräuter ein. Die Kap-Küche mit einen internationalen Touch. ✆ *Karte H1 • Victoria Rd, Camps Bay • (021) 437 9000 • RRRRR*

➡ *Wenn nicht anders angegeben, haben die Restaurants sowohl mittags als auch abends geöffnet.*

Links **Historische Architektur in Stellenbosch** Rechts **Gepard im Spier Wine Estate**

# Weinregion

DIE UNMITTELBAR AN KAPSTADT GRENZENDE BERGREGION *im Landes-inneren, auch Boland (»Hochland«) genannt, gehört zu den schönsten Gegenden Südafrikas. Die zerklüfteten Sandsteinfelsen sind von wasserreichen, grünen Tälern durchzogen, die einen intensiven Anbau von Obstbäumen ermöglichen. Die Gegend ist auch Zentrum der südafrikanischen Weinproduktion. Hier liegen etwa 300 Weingüter, die gut auf den Fremdenverkehr eingestellt sind. Die meisten Güter bieten Weinproben an und besitzen Restaurants oder Cafés. Auch historische Städte kennzeichnen die Weinregion. Dazu gehören Stellenbosch, Franschhoek, Tulbagh und Paarl.*

**Weingut Vergelegen: Haus für Weinproben**

## TOP 10 Attraktionen

1 Stellenbosch

2 Jonkershoek & Assegaaibosch Nature Reserves

3 Spier Wine Estate

4 Weingut Boschendal

5 Franschhoek

6 Butterfly World

7 Drakenstein Lion Park

8 Paarl

9 Tulbagh

10 Weingut Vergelegen

→ *Die Weinregion im Internet* **www.winelands.co.za**

## 1 Stellenbosch

Die bei Urlaubern beliebteste Stadt in der Weinregion liegt von Bergen umgeben am Ufer des Eerste. Die zweitälteste Siedlung Südafrikas entstand 27 Jahre nach der Gründung Kapstadts. Stellenbosch besitzt die höchste Anzahl an vor dem 20. Jahrhundert errich-

Sandsteinberge im Jonkershoek Nature Reserve

teten kapholländischen Bauten. Neben seiner Architektur fasziniert Stellenbosch als Sitz einer landesweit renommierten Universität auch durch sein quirliges Studentenleben: Das kompakte Stadtzentrum ist lebendig und auch nach Einbruch der Dunkelheit sehr sicher *(siehe S. 28f)*.

## 2 Jonkershoek & Assegaaibosch Nature Reserves

Das wenig beachtete Schutzgebiet Jonkershoek liegt am Rande Stellenboschs. Durch das gebirgige Areal führen Wanderwege unterschiedlicher Schwierigkeitsgrade – von Spaziergängen durch landwirtschaftlich genutztes Terrain bis zu anspruchsvollen Wegen in höhere Hanglagen. In der Berglandschaft gedeihen mehr als 1000 *Fynbos*-Pflanzenarten. Neben verschiedenen Vogelarten leben zahlreiche Säugetiere weit über das Gebiet verteilt. Dazu gehören Leoparden, Paviane und Klippspringer. ○ *Karte E3 • Jonkershoek Nature Reserve: (021) 866 1560; tägl. 8–18 Uhr; Eintritt • Assegaaibosch Nature Reserve: tägl. 8–18 Uhr; Eintritt • www.capenature.co.za*

## 3 Spier Wine Estate

Anders als die vornehmen Weingüter Boschendal und Vergelegen verfolgt Spier Wine Estate einen weitaus kommerzielleren

Ansatz, der diesem Weingut den Spitznamen »Disneyland« einbrachte. Die exzellenten Einrichtungen machen das Spier Wine Estate bei Kindern beliebt – und bei Erwachsenen, die ihre Weinleidenschaft mit Spaß verbinden. Es gibt Spa, Swimmingpool, Kunsthandwerksladen, Gelände mit Geparden, Falken und anderen Greifvögeln sowie Reitmöglichkeiten. Das beeindruckend gestaltete Vier-Sterne-Hotel *(siehe S. 117)* besitzt mehrere Restaurants und Business-Einrichtungen. ○ *Karte D3 • abseits der R310 nach Stellenbosch • (021) 809 1100 • Proben: tägl. 10–17 Uhr • www.spier.co.za*

## 4 Weingut Boschendal

Der hugenottische Siedler Jean de Long pflanzte 1685 auf Boschendal Reben an. Das für den Weinbau wegweisende Gut ist heute das beliebteste in der Region um Stellenbosch und Franschhoek. Eine Allee führt in das vom Simonsberg und den Groot-Drakenstein-Bergen flankierte grüne Tal. Zu den kapholländischen Bauten zählen ein Weinkeller (1795) und ein Herrenhaus (1812). Es gibt ein exzellentes Büfett-Restaurant und ein schattiges Café. Im Sommer ist das französisch inspirierte »Le Pique Nique« auf den Rasenflächen unwiderstehlich *(siehe S. 30 & S. 53)*.

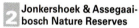

*Der ursprüngliche Name Boschendals – Bossendaal – bedeutet Wald und Tal.*

### 5 Franschhoek

Franschhoek ist die selbsternannte kulinarische Hauptstadt Südafrikas. Der auf die Zeit als Siedlung hugenottischer Flüchtlinge im 17. Jahrhundert zurückgehende französische Einfluss wird durch das Huguenot Memorial und das Museum am Stadtrand dokumentiert. In unmittelbarer Nachbarschaft der kleinen Stadt liegen zahlreiche Weingüter. Boutiquen, Läden und vorzügliche Restaurants spiegeln Franschhoeks gestiegenen Stellenwert als Reiseziel für Urlauber (*siehe S. 30f*).

### 6 Butterfly World

Die in Klapmuts an der R44 gelegene Butterfly World ist der größte Schmetterlingspark Südafrikas. In einem Gebäude mit einem hübsch gestalteten Landschaftsgarten fliegen mehr als 20 einheimische Arten frei umher. Der faszinierende Martin Filmer Spider Room, der Terrarien mit vielen verschiedenen Spinnenarten beherbergt, informiert Besucher über den ökologischen Wert der geschmähten Tiere. ◈ *Karte D1 • R44, Klapmuts • (021) 875 5628 • tägl. 9–17 Uhr • Eintritt*

**Butterfly World**

**Kapholländische Architektur**

Der im 18. Jahrhundert entwickelte Stil brachte europäische Elemente mit afrikanischen Lebensbedingungen in Einklang. Mittelalterlichen Bauten Amsterdams entlehnte verzierte Rundgiebel über dem Eingang sind typisch, ebenso reetgedeckte Dächer und H-förmige Grundrisse wie im Herrenhaus von Vergelegen.

### 7 Drakenstein Lion Park

Der 1998 gegründete Park bietet aus Gefangenschaft stammenden Löwen, die nicht ausgewildert werden können, Schutz. Besucher können die in umzäunten Freigehegen lebenden Tiere beobachten. Kinder lieben den Park. Besuche zu Fütterungszeiten (Mo, Mi und Fr 16 Uhr) sind besonders spannend. ◈ *Karte E1 • Old Paarl Rd (R101), Klapmuts • (021) 863 3290 • tägl. 9.30–17 Uhr • Eintritt • www.lionrescue.org.za*

### 8 Paarl

Die im Westen durch Paarl Mountain, im Osten durch den Fluss Berg begrenzte Stadt ist die größte der Weinregion. Paarl hat nicht den Glanz Stellenboschs, der beeindruckende Granitfelsen Paarl Mountain in einem fußgängerfreundlichen Schutzgebiet und das Afrikaanse Taalmonument lohnen aber den Besuch. Das Weingut Laborie im Stadtzentrum ist reizend. ◈ *Karte E1 • (021) 872 0860 • www.paarlonline.com*

**Löwe im Drakenstein Lion Park**

➡ *Weitere Attraktionen zwischen Stellenbosch & Franschhoek siehe S. 30f*

### 9 Tulbagh

Die 1700 am Fuß der Groot-Winterhoek-Berge gegründete Stadt liegt relativ weit von Kapstadt entfernt. Für Urlauber, die den Massen entfliehen möchten, ist sie ein bezauberndes Ziel. Mit über 30 kapholländischen Bauten verströmt das Zentrum historisches Flair. Die mit *Fynbos* bedeckten Groot-Winterhoek-Berge bilden eine imposante Kulisse. Man kann dort gut wandern, reiten und Vögel beobachten. In der Umgebung liegen über 20 Weingüter. ◈ *Karte U3 • Information: (023) 230 1348 • www.tulbaghtourism.org.za*

### 10 Weingut Vergelegen

Der Name des historischen Guts bedeutet »abgelegen«. Das Anwesen (1685) an einem Hang des Helderberg war ursprünglich entfernter Außenposten der Kapkolonie. 15 Jahre später wurde es Privatbesitz Willem van der Stels. Dieser ließ das elegante Herrenhaus errichten, legte den achteckigen Garten an und pflanzte die knorrigen Kampferbäume am Eingang. Vergelegen zählt zu den führenden Weingütern Südafrikas. Besucher genießen das wunderbare Anwesen und das Weinangebot. ◈ *Karte E4*
• *Loursford Rd, Somerset West • (021) 847 1334*
• *Proben: tägl. 9.30–16 Uhr • Eintritt*
• *www.vergelegen.co.za*

**Afrikaanse Taalmonument, Paarl**

## Ein »Four Passes«-Tagesausflug

### Vormittag

🕐 Die Rundfahrt um die Hottentots-Holland-Berge führt durch einige der landschaftlich und architektonisch reichsten Gebiete der Weinregion und zu den schönsten Weingütern. An der R310 von **Stellenbosch** *(siehe S. 28f)* südlich nach Somerset West weisen Schilder zum **Weingut Vergelegen** am Helderberg. Dort besichtigen Sie die historischen Gebäude 🍽 und stärken sich im Coffee Shop. Von Somerset West führt die N2 über den Sir Lowry's Pass nach Osten, die links abzweigende R321 durch Grabouw über den Viljoen Pass in das Tal Riviersonderend (Endloser Fluss) hinab zum Theewaterskloof See. Sie fahren nun links auf die R45, die den Franschhoek Pass kreuzt und eine wunderbare Aussicht auf die gleichnamige Stadt bietet.

### Nachmittag

In **Franschhoek** kann man in **The Tasting Room** oder den beiden Restaurants von Mont Rochelle *(siehe S. 91)* zu Mittag essen. Besuchen Sie das **Hugenot Memorial Museum** oder stöbern Sie in den Läden an der Hauptstraße. An der R45 in Richtung Westen besichtigen Sie auf dem Weingut L'Ormarins das **Franschhoek Motor Museum** *(siehe S. 30)*. Hinter Franschhoek geht die R310 links ab. Interessante Stopps am Helshoogte Pass nach Stellenbosch sind das **Weingut Boschendal**, **Pniel** und **Hillcrest Berry Orchard** *(siehe S. 30)*. Ein Drink im Restaurant des Weinguts **Tokara** *(siehe S. 87)* beschließt den Tag.

➔ *Die in Kapstadt und Stellenbosch angebotenen »Four Passes«-Tagesausflüge sind Alternativen zur Fahrt mit dem eigenen Auto.*

Links **Auslage in Oom Samie se Winkel** Mitte **Stellenbosch Art Gallery** Rechts **Sasol Art Museum**

# TOP 10 Galerien & Läden

## 1 Stellenbosch Art Gallery, Universiteit Stellenbosch

Die kleine Galerie in einer Lutheranischen Kirche mit Holzboden zeigt Werke zeitgenössischer südafrikanischer Künstler und von Studenten der Universität. ✥ Karte D2 • nordöstl. Dorp St & Bird St • (021) 808 3524 • Mo–Fr 9–17 Uhr, Sa 9–13 Uhr

## 2 Sasol Art Museum

In dem gestuften, neoklassischen Gebäude befinden sich die Kunstsammlung der Universität (19. und 20. Jahrhundert) sowie eine anthropologische Ausstellung mit traditioneller afrikanischer Kunst und Haushaltsgegenständen. ✥ Karte D2 • 52 Ryneveld St • (021) 808 3029 • Mo 10–16.30 Uhr, Di–Sa 9–16.30 Uhr

## 3 Rupert Museum

Die Galerie beherbegt die hervorragende, von Dr. Anton Rupert zusammengetragene Sammlung südafrikanischer Kunst (siehe S. 29).

## 4 Green Sleeves

Die Kleidung in dem flippigen Secondhand-Laden ist bei Studenten und dem einheimischen Künstlervolk beliebt. Klamotten im Stil der 1970er Jahre sind stark vertreten. ✥ Karte D2 • 2 Crozier St, Stellenbosch • (021) 883 8374

## 5 Oom Samie se Winkel

Stellenboschs berühmtester, seit über 100 Jahren bestehender winkel (Laden) bietet in viktorianischem Ambiente ein buntes Sortiment erschwinglicher regionaler Handwerksprodukte und echter afrikanischer Kunst. ✥ Karte D2 • Dorp St • (021) 887 2372

## 6 Karoo Classics

Spezialität des Ladens sind aus Mohair, Straußenleder und anderen Stoffen handgefertigte Waren. ✥ Karte D2 • nordöstl. Bird & Church Sts, Stellenbosch • (021) 886 7596 • www.karooclassics.co.za

## 7 Touches and Tastes

Der Laden in dem Hotel Le Quartier Français (siehe S. 116) erfreut Kuriositätenjäger mit buntem Kunsthandwerk, Schmuck und Kerzen. ✥ Karte F2 • Huguenot Rd, Franschhoek • (021) 876 2151

## 8 Galerie Ezakwantu

Der Verkaufsraum der Galerie ist mit hochwertigem Kunsthandwerk aus afrikanischen Ländern südlich der Sahara prall gefüllt. ✥ Karte F2 • Village Centre, Huguenot Rd, Franschhoek • (021) 876 2162 • www.ezakwantu.com

## 9 Huguenot Fine Chocolate

Zwei in Belgien ausgebildete Chocolatiers verkaufen köstliche Schokolade. ✥ Karte F2 • Huguenot Rd, Franschhoek • (021) 876 4096

## 10 Vineyard Connection

Der Laden zwischen Stellenbosch und Paarl bietet die besten Weine des Kaps. Käufer können sich die Produkte in die Heimat senden lassen. ✥ Karte D2 • Delvera Wine Estate • (086) 036 0360

Nützliche Hinweise für Shopping in der Region **siehe S. 111**

Links **Weinkeller in Lanzerac** Rechts **Keller in Blaauwklippen**

# TOP 10 Weingüter um Stellenbosch

### 1 Lanzerac
Das Gut (17. Jh.) brachte 1959 den ersten Pinotage in den Handel. Lanzerac bietet auch ein Fünf-Sterne-Hotel *(siehe S. 117)*.

### 2 Rustenberg Wines
Das 300 Jahre alte Gut ist für Chardonnay bekannt. ◈ *Karte E2 • Lily Rd, Idas Valley • (021) 809 1200 • Proben: Mo–Fr 9–16.30 Uhr, Sa 10–13.30 Uhr (Dez–Jan: Sa 10–15.30 Uhr) • www.rustenberg.co.za*

### 3 Tokara
Das Restaurant des Guts auf dem Helshoogte Pass liegt sehr malerisch. Tokara ist für superben Wein und exzellentes Olivenöl bekannt *(siehe S. 30)*.

### 4 Delaire Graff
Das »Weingut im Himmel« auf dem Kamm des Helshoogte Pass ist perfekt für Picknicks mit gekühltem Wein *(siehe S. 30)*.

### 5 Neethlingshof
Der Laurentius-Cuvée und die unverschnittenen Weine machen einen Besuch des Guts für Rotweinliebhaber zur Pflicht. ◈ *Karte D3 • M12 • (021) 883 8988 • Proben: Mo–Fr 9–17 Uhr, Sa & So 10–16 Uhr • www.neethlingshof.co.za*

### 6 Asara
Rotwein, vor allem Cabernet Sauvignon, ist Spezialität des an einem Berghang gelegenen Guts. ◈ *Karte D3 • M12 • (021) 888 8000 • Proben: Mo–Fr 9–17 Uhr, Sa 10–17 Uhr • www.asarawine.com*

### 7 Spier Wine Estate
Das familienorientierte Anwesen produziert süffige Weine des mittleren Preissegments *(siehe S. 83)*.

### 8 Meerlust
In dem Keller des Guts lagert auch der dem Clairet ähnliche gefeierte Rubicon. ◈ *Karte D3 • R310 • (021) 843 3587 • Proben: Okt–Apr: Mo–Fr 9–17 Uhr, Sa 10–16 Uhr; Mai–Sep: Mo–Fr 9–16 Uhr, Sa 10–14 Uhr • www. meerlust.co.za*

### 9 Blaauwklippen
Das Gut beherbergt ein Kutschenmuseum und ein historisches Herrenhaus mit Restaurant. Der Zinfandel ist sehr gut. ◈ *Karte D3 • R44 • (021) 880 0133 • Proben: Mo–Fr 9–17 Uhr, Sa 10–17 Uhr, So 10–16 Uhr • www.blaauwklippen.co.za*

### 10 Kanonkop
Neben zwei preisgekrönten Cuvées produziert Kanonkop einen der besten Pinotages von Südafrika. ◈ *Karte D2 • R44 • (021) 884 4656 • Proben: Mo–Fr 9–17 Uhr, Sa 9–14 Uhr • www.kanonkop.co.za*

Weitere Informationen über südafrikanische Weine **siehe S. 89**

Links **Weinstöcke bei Durbanville** Mitte **Weingut Cabrière** Rechts **Weinprobe auf La Motte**

# TOP 10 Weitere Weingüter

### 1 Durbanville Hills
Das Weingut Durbanville Hills produziert u. a. hervorragenden Merlot. ⊘ *Karte C2 • Tygervalley Rd (M13) • 021) 558 1300 • Proben: Mo–Fr 9–16.30 Uhr, Sa 9.30–14.30 Uhr, So 11–13 Uhr • www.durbanvillehills.co.za*

### 2 Vergelegen
Wer nur ein Weingut der Region besucht, sollte Vergelegen wählen. Es ist das »kompletteste« von allen *(siehe S. 85).*

### 3 Boschendal
Das Gut ist wegen der Landschaft, Architektur und Picknickkörbe beliebt *(siehe S. 30 & S. 83).*

### 4 La Motte
Das Gut in schöner Lage im Franschhoek Valley gewinnt an Renommee. ⊘ *Karte F2 • Main Rd (R45), Franschhoek • (021) 876 3119 • Proben: Mo–Fr 9–16.30 Uhr, Sa 10–15 Uhr • www.la-motte.com*

### 5 Cabrière
Cabrière ist für erstklassigen Sekt bekannt. Die Korken werden mit einem Schwert entfernt. ⊘ *Karte F2 • Franschhoek Pass Rd • (021) 876 8500 • Proben: Mo–Fr 9–17 Uhr, Sa 10–16 Uhr • www.cabriere.co.za*

### 6 Laborie
Das der Kaiserwerther Gemeinschaft angehörende Gut mit stattlichem Herrenhaus verströmt historischen Charme. ⊘ *Karte E1 • Taillefert St, Paarl • (021) 807 3390 • Proben: tägl. 9–17 Uhr (Apr–Sep: So geschl.) • www.laborie.co.za*

### 7 Rhebokskloof
Auf dem von Bergen umgebenen Anwesen lockt v. a. das Restaurant. ⊘ *Karte E1 • Windmeul, Agter Paarl • (021) 869 8386 • Proben: tägl. 9–17 Uhr • www.rhebokskloof.co.za*

### 8 Fairview
Das bekannte Gut produziert ausgezeichneten Wein. Im Delikatessenladen gibt es selbstgemachten Käse. ⊘ *Karte E1 • Suid Agter Paarl Rd • (021) 863 2450 • Proben: Mo–Fr 8.30–17 Uhr, Sa 8.30–16 Uhr, So 9.30–16 Uhr • www.fairview.co.za*

### 9 Vergenoegd
Trotz preisgekrönter Rotweine wird das Gut oft unterschätzt. ⊘ *Karte C3 • Baden Powell Dr (R310) • (021) 843 3248 • Proben: Mo–Fr 9–17 Uhr, Sa 9.30–16 Uhr, So 11–16 Uhr • www.vergenoegd.co.za*

### 10 Zevenwacht
Hier gibt es exzellente Rotweine, Käse-Proben und einen Spielplatz. ⊘ *Karte C3 • Langverwacht Rd, Kuils River • (021) 903 5123 • Proben: Mo–Fr 8.30–17 Uhr, Sa 9.30–17 Uhr, So 9–17 Uhr • www.zevenwacht.co.za*

Für Proben sind auf den meisten Weingütern 10 bis 20 R Gebühr zu entrichten. Üblicherweise kostet man dabei sechs Weine.

Links **Chenin Blanc** Mitte **Boschendal Blanc de Noir & Beyerskloof Pinotage** Rechts **Vergelegen**

# 🔟 Spitzenweine

**1 Kanonkop Paul Sauer**
Cabernet Sauvignon prägt den regional und international häufig prämierten, dem Bordeaux ähnlichen Cuvée. Der Jahrgang 2003 wird wohl noch ein Jahrzehnt lang überzeugen.

**2 Meerlust Rubicon**
Der exquisite, dem Bordeaux ähnliche Cuvée zählt zu den bekanntesten Weinen Südafrikas. Der mehrfach preisgekrönte Wein gewinnt durch lange Lagerung.

**3 Ernie Els Red Blend**
Die Anspielung auf Südafrikas besten Golfspieler wirkt lustig. Der Wein ist aber seriös, der Bordeaux-Verschnitt ist weithin geschätzt.

**4 Beyerskloof Pinotage**
Der Wein wird in vielen Restaurants kredenzt. Er bietet eine gute Möglichkeit, die 1925 entwickelte, typisch südafrikanische Komposition von Cinsaut und Pinot Noir kennenzulernen. Pinotage bringt meist weiche, trockene Weine mit mittlerem Körper und Aromen von Banane, Pflaume oder Tropenfrüchten hervor.

**5 Zonnebloem Shiraz & weitere Rotweine**
Die in Restaurants und Supermärkten erhältlichen aromatischen Rotweine Zonnebloems eignen sich als Tischweine. Shiraz ist derzeit am besten, Pinotage und Cabernet Sauvignon sind aber auch zu empfehlen.

**6 Vergelegen White Blend**
Der in Eichenholzfässern gereifte Cuvée aus zwei Dritteln Semillon und einem Drittel Sauvignon Blanc war 2007 Platters »Wein des Jahres« *(siehe unten)*. Der Wein profitiert von langer Lagerung.

**7 Ken Forrester Chenin Blanc Range**
Chenin Blanc bedeckt als meistgepflanzte Rebsorte Südafrikas 18 Prozent der Weinbaufläche. Durch die Verarbeitung des Winzers Ken Forrester entstehen aus den Trauben großartige Weine: Der Chenin Blanc und der preisgekrönte FMC Chenin Blanc sind exzellent.

**8 Boschendal Blanc de Noir**
Der lachsfarbene Wein spricht Liebhaber von Rosé- und halbtrockenen Weißweinen an. Den aus blauen Trauben fermentierten Weißwein trinkt man gern gekühlt bei einem Picknick.

**9 Porcupine Ridge Sauvignon Blanc**
Den pikanten Wein findet man oft in Restaurants und Supermärkten. Er liefert in Relation zu seinem Preis bewährte Qualität.

**10 J.C. Le Roux Scintilla**
Der dem Chardonnay ähnliche Wein stammt von Südafrikas führender Schaumweinkellerei, die nach der Méthode Cap Classique (Champagner-Methode) arbeitet.

*Der John Platter South African Wine Guide ist ein praktischer Begleiter für Weinproben in der Region.*

Links **Barouche Restaurant** Rechts **Jonkershuis, Spier Wine Estate**

# Restaurants um Stellenbosch

**1 Wijnhuis**
Das Restaurant im ersten Stock ist wie ein Keller gestaltet. Es bietet die längste Weinkarte Stellenboschs. Spezialitäten sind mediterranes Seafood und Grillgerichte. ✆ *Karte D2 • nordöstl. Church St & Andringa St • (021) 887 5844 • RRR*

**2 Volkskombuis**
Im Volkskombuis werden seit 30 Jahren Kap-Gerichte serviert. Auf dem hübschen Anwesen am Eerste liegt auch das etwas günstigere Restaurant Die Oewer mit mediterraner Küche. ✆ *Karte D2 • Aan-de-Wagen Rd • (021) 887 2121 • RRR*

**3 1802 Restaurant**
Das Restaurant in einem Innenhof in d'Ouwe Werf bietet wenige, aber einfallsreiche malaische Speisen, Seafood und Wild. Die Weinkarte ist gut. ✆ *Karte D2 • 30 Church St • (021) 887 4608 • RRR*

**4 Bukhara**
Von den vielen Speisen des superben nordindischen Restaurants überzeugen v. a. die Tandoori-Gerichte. ✆ *Karte D2 • nordöstl. Dorp St & Bird St • (021) 882 9133 • RRRR*

**5 Col'Cacchio Pizzeria**
Die beste Pizzeria Stellenboschs liegt in einer Shopping Mall. Sie ist v. a. bei Studenten beliebt. Für fehlendes Flair entschädigen die Alternativen zur schwereren Kost anderer Restaurants. ✆ *Karte D2 • Simonsplein Centre • (021) 886 7088 • R*

**6 Fandango Restaurant, Cocktail Bar & Internet Café**
In dem beliebten Treffpunkt finden im Sommer Jazz- und Blues-Abende statt. Zu den mediterranen Speisen – darunter viele vegetarische Gerichte – wird Wein gereicht. ✆ *Karte D2 • Drostdy Centre, Bird St • (021) 887 7506 • RR*

**7 Spier Wine Estate**
Das Anwesen besitzt zwei Restaurants: das Jonkershuis mit kapmalaiischer Küche und das nach Art von Beduinenzelten eingerichtete Mojo mit panafrikanischem Flair. ✆ *Karte D3 • Lynedoch Rd, Stellenbosch • (021) 809 1152 • RRRR*

**8 96 Winery Road**
Das Lokal im ländlichen Stil bietet jahreszeitliche Küche. Im Keller lagern erlesene Rotweine. ✆ *Karte D4 • Winery Rd (abseits der R44), Somerset West • (021) 842 2020 • RRR*

**9 Barouche Restaurant**
Die jahreszeitliche Küche des Restaurants in einem Herrenhaus in Blaauwklippen wechselt wöchentlich. Kinderportionen und Kutschfahrten locken Familien. ✆ *Karte D3 • Blaauwklippen Vineyard • (021) 880 0133 • RRR*

**10 Terroir Restaurant**
Die Speisen des Lokals auf dem Gut Kleine Zalze werden auf Tafeln angeschrieben. Die Küche provenzalischen Stils hat regionalen Touch. ✆ *Karte D3 • Kleine Zalze Wine Estate • (021) 880 0717 • RRRR*

 *Wenn nicht anders angegeben, akzeptieren alle Restaurants Kreditkarten.*

Taki's Restaurant & Cigar Bar

**Preiskategorien**

| | |
|---|---|
| Preis für ein Drei-Gänge-Menü pro Person mit einer halben Flasche Wein, inkl. Steuern und Service. | |

| | |
|---|---|
| **R** | unter 150 R |
| **RR** | 150 – 200 R |
| **RRR** | 200 – 250 R |
| **RRRR** | 250 – 300 R |
| **RRRRR** | über 300 R |

# TOP 10 Restaurants um Franschhoek

### 1 The Tasting Room, Le Quartier Francais
Das Restaurant gehört zu den 50 besten der Welt. Gäste erhalten Vier-, Sechs- oder Acht-Gänge-Menüs. ⊗ Karte F2 • 16 Huguenot Rd • (021) 876 2151 • mittags geschl., abends Reservierug erforderlich • RRRRR

### 2 Reuben's Restaurant & Bar
Die innovative Küche des nach dem Inhaber und Chefkoch Reuben Riffel benannten Restaurants vereint afrikanische, asiatische und europäische Einflüsse. ⊗ Karte F2 • 19 Huguenot Rd • (021) 876 3772 • RRR

### 3 Taki's Restaurant & Cigar Bar
Das raucherfreundliche Lokal serviert griechische Speisen und Pizzas. ⊗ Karte F2 • Huguenot Rd • (021) 876 4161 • R

### 4 Grande Provence
In dem vornehmen Restaurant auf dem gleichnamigen Weingut ist besonders das *menu dégustation* mit sechs Gängen äußerst empfehlenswert. Jeder Gang wird von einem anderen Wein begleitet. ⊗ Karte F2 • Main Rd • (021) 876 8600 • RRRR

### 5 Haute Cabrière Cellar Restaurant
Auf dem Anwesen (17 Jh.) werden Gerichte nach Art von Mezzes in kleinen Portionen serviert. Die Aussicht ist traumhaft. ⊗ Karte F2 • Pass Rd • (021) 876 3688 • RRRRR

### 6 La Petite Ferme
Das Restaurant ist eines der schönsten in der Weinregion. Die verglaste Veranda bietet Blick auf das Franschhoek Valley. Die internationale Speisekarte ist genauso perfekt wie die Lage. ⊗ Karte F2 • Pass Rd • (021) 876 3016 • RRR

### 7 Mange Tout
Das vorzügliche Dinnerlokal im Hotel Mont Rochelle zeichnet zeitgenössische europäische Küche aus. ⊗ Karte F2 • Mont Rochelle, Dassenberg Rd, Franschhoek • (021) 876 2770 • RRRRR

### 8 The Country Kitchen
Das Restaurant im Haus für Weinproben auf Mont Rochelle serviert mediterrane Speisen. Auf Bestellung werden Gourmet-Picknickkörbe zusammengestellt. ⊗ Karte F2 • Mont Rochelle, Dassenberg Rd, Franschhoek • (021) 876 3000 • RRR

### 9 Bread & Wine
Das familienfreundliche Restaurant auf dem Weingut Môreson steht unter gleicher Führung wie The Tasting Room. Die Fleisch- und Geflügelgerichte sind üppig. ⊗ Karte F2 • Môreson Farm • (021) 876 3692 • RR

### 10 Weingut Boschendal
Gäste haben drei Möglichkeiten der Mittagsversorgung: Ein Büffet-Restaurant im Herrenhaus, ein nettes Café und Picknickkörbe französischer Art. ⊗ Karte E2 • Pniel Rd, Drakenstein • (021) 870 4274 • Café: R, Picknick: RR, Restaurant: RRRR

*Restaurants auf Weingütern haben meist nur mittags, Lokale in den Städten auch abends geöffnet.*

Skilpad Wild Flower Reserve, Namaqualand

# Um die Weinregion

**B**ESUCHERN, die sich von den vielen Attraktionen Kapstadts lösen können, ist die Stadt auch eine gute Basis für die Erkundung anderer Teile der westlichen Kapregion. Das Gebiet kennzeichnen eine durchgehend malerische Küstenlinie, mit Fynbos bedeckte Berge und prosperierende Weinbaugebiete. Zu den Sehenswürdigkeiten östlich von Kapstadt zählen die Walker Bay mit einzigartigen Möglichkeiten der Walbeobachtung von Land aus, das wenig bekannte De Hoop Nature Reserve und Kap Agulhas, der südlichste Punkt Afrikas. Richtung Lambert's Bay erstreckt sich eine wunderbare Küstenlandschaft mit einer unvergleichlich blühenden Vegetation.

Links **Fischerhütte in Paternoster** Rechts **Schleppnetzfischer im Hafen von Lambert's Bay**

## Attraktionen

1. **Hermanus**
2. **Gansbaai**
3. **Agulhas National Park**
4. **De Hoop Nature Reserve**
5. **Swellendam**
6. **Cedarberg**
7. **West Coast National Park**
8. **Paternoster & Cape Columbine**
9. **Lambert's Bay**
10. **Namaqualand**

Vorhergehende Doppelseite **Weingärten bei Stellenbosch**

### 1 Hermanus

Die reizende Kleinstadt süd-östlich von Kapstadt liegt auf den blanken Felsklippen, die die Walker Bay umschließen. Der Berg-*Fynbos* im Fernkloof Nature Reserve ist eine Attraktion. Hermanus ist aber v. a. für die einzigartigen Möglichkeiten bekannt, von Juni bis November von Land aus Wale zu beobachten. Die Stellen, an denen Südkaper nahe der Stadt an die Wasseroberfläche kommen, werden vom »Whale Crier« angezeigt. ◈ *Karte U5* • *Information: (028) 312 2629* • *www.tourismhermanus.co.za*

### 2 Gansbaai

Das Fischerdorf ist nach den einst hier nistenden Gänsen benannt. Vor der Küste leben Haie und Wale. Haie kann man auf Bootsausflügen nach Dyer Island beobachten, wo Brillenpinguine, Klippen-Austernfischer und eine Kolonie Südafrikanischer Seebären leben. Die in der nahen Klipgat Cave freigelegten 2000 Jahre alten Tonscherben gehören zu den ältesten, die in Südafrika gefunden wurden. ◈ *Karte U6* • *Information: (028) 384 1439* • *www.gansbaai.com*

### 3 Agulhas National Park

Am südlichsten Punkt Afrikas fließen Atlantischer und Indischer Ozean zusammen. Den Namen Agulhas (Nadeln) prägten portugiesische Seefahrer angesichts der spitzen Felsen vor der Küste, an denen rund 250 Schiffe zerschellten. Die Felsstrände, an denen sich Südafrikas ältester Leuchtturm (1849) befindet, besitzen nüchternen Charme. Das Gebiet um die Landspitze wurde 1999 als Nationalpark ausgewiesen. ◈ *Karte V6* • *(028) 435 6222* • *tägl. 9–17 Uhr* • *Leuchtturm: Eintritt* • *www.sanparks.co.za*

### 4 De Hoop Nature Reserve

Das Gebiet östlich von Agulhas, das größte Küsten-*Fynbos*-Habitat Südafrikas, ist Zuchtgebiet für endemische Buntböcke und Bergzebras. Die hohen Dünen und schroffen Felsen erkundet man auf kurzen Spaziergängen, Mountainbike-Touren oder einer fünftägigen Wanderung auf dem Weg, der nach den von Juni bis November an der Küste zu sichtenden Walen benannt ist. ◈ *Karte W5* • *(028) 542 1253* • *tägl. 7–18 Uhr* • *Eintritt* • *www.capenature.co.za*

**Elenantilope im De Hoop Nature Reserve**

**Die felsige Küste um Hermanus**

*Mehr über den »Whale Crier« in Hermanus*
**www.hermanuswhales.com**

Stadtteile & Regionen – Um die Weinregion

### Swellendam

**5** Die anmutige Kleinstadt wurde 1745 an der abgelegenen Ostgrenze der Kapkolonie gegründet. Kapholländische Bauwerke wie der Drostdy (Sitz des Magistrats), der 1747 erbaut wurde und heute als heimatkundliches Museum dient, untermauern das historische Flair. Sechs Kilometer außerhalb der Stadt durchzieht ein Netz von ruhigen Straßen und Wanderwegen das hügelige *renosterveld* im Bontebok National Park, der 1931 zum Schutz der 30 verbliebenen wilden Buntböcke gegründet wurde. Heute leben hier 200 Tiere. *Karte W5*
• *Information: (028) 514 2770*
• *www.swellendamtourism.co.za*

**Wolfberg Arch im Cedarberg**

### Cedarberg

**6** Die Cedarberg Wilderness Area (städtisches Schutzgebiet) und die Cedarberg Conservancy (privates Farmland) bilden das Zentrum der Cedarberg-Region. Wanderer schätzen die von atemberaubenden Sandsteinspitzen wie dem Wolfberg Arch und dem Maltese Cross geprägte Felslandschaft, die vielen Felszeichnungen und die reiche endemische Flora und Fauna. Der Conservancy widmet man am besten mehrere Tage. Man kann die Berg- und Karoo-Region aber auch auf kurzen Wanderungen erkunden. Privat geführte Camps bieten Zugang zu Felszeichnungen und Aussichtspunkten. *Karte U2*
• *(027) 482 2024* • *www.cederberg.co.za*

### West Coast National Park

**7** Die unberührte Küstenlinie an der Langebaan Lagoon nördlich von Kapstadt ist mit dem Auto in einer Stunde erreichbar. Sie ist in August und September besonders reizvoll, wenn um den Postberg Wildblumen in prächtiger Frühjahrsblüte stehen. Auf Inseln vor der Küste sind Brutkolonien von zehn Meeresvogelarten. Das Erholungsgebiet an der Lagune ist bei Wassersportlern beliebt. *Karte S3* • *(022) 772 2144/5* • *Apr–Sep: tägl. 7–19.30 Uhr; Okt–März: tägl. 6.30–19.30 Uhr; Postberg: Aug & Sep (Blumenblüte): tägl. 9–17 Uhr* • *Eintritt* • *www.sanparks.co.za*

### Paternoster & Cape Columbine

**8** Der Küstenort Paternoster an Cape Columbine nördlich von Kapstadt ist für die traditionellen weiß getünchten Fischerhütten und leckeren Krebsgerichte bekannt. Das benachbarte Columbine Nature Reserve schützt einen Küstenstreifen, der von August bis Oktober in voller

 Renosterveld *ist eine nördlich von Kapstadt gedeihende* Fynbos-Art, *die vom* Nashornbusch (renosterbos) *dominiert wird.*

**Rosapelikane in der Langebaan Lagoon**

Blüte steht, ganzjährig hervorragende Kajak-Gebiete besitzt und viele Land- und Meerestiere beherbergt. ⊛ *Karte S2*

### 9 Lambert's Bay

Lambert's Bay, die größte Stadt an der Westküste, besitzt das Flair eines verschlafenen Hafenorts. Im hübschen Hafen tummeln sich Robben und andere Meerestiere. Hauptattraktion ist die 20 000 bis 30 000 Vögel umfassende Kaptölpelkolonie auf Bird Island *(siehe S. 41)*. Auf weiteren Bootsausflügen sind oft die nur in dieser Region heimischen Heaviside-Delfine und andere Waltiere zu sehen. Lambert's Bay ist eine gute Basis für die Erkundung der Olifants River Wine Route. ⊛ *Karte S1* • *Information: (027) 432 1000* • *www.lambertsbay.co.za*

### 10 Namaqualand

Die Wüste nördlich von Lambert's Bay bietet eines der faszinierendsten Naturschauspiele der Welt: In August oder September verwandeln leichte Regenfälle die felsigen Ebenen in farbenprächtige Blumenfelder. Die gesamte Farbenpracht umfasst mehrere Hundert Arten von Blütenpflanzen. Zehn Prozent aller Sukkulenten sind in der Region heimisch, darunter surreal wirkende Aloen wie *kokerbooms* (Köcherbäume) und knollige *halfmensbooms* (Halbmenschen-Bäume). ⊛ *Karte T1* • *(027) 744 1770* • *www.namaqualand.com*

## Eine Zweitagestour nach Hermanus

### Erster Tag

Folgen Sie der N2 von Kapstadt 30 Minuten lang Richtung Osten. Fahren Sie bei Strand rechts auf die R44. **Hermanus**, 75 Kilometer von Strand entfernt, ist in einer Stunde erreichbar. Aufenthalte in Rooiels Bay und Kleinmond belohnen mit fantastischer Sicht auf **Cape Point** *(siehe S. 36)*. Das *Fynbos*-Habitat im **Harold Porter Botanical Garden** *(siehe S. 98)* in Betty's Bay bietet Entspannung. Beziehen Sie ein Hotel in Hermanus und essen Sie im **Burgundy Restaurant** oder im **Dutchies** *(siehe S. 99)* an der Küste zu Mittag. Gehen Sie nachmittags auf dem Klippenpfad auf den Klippen gen Westen oder durch die Stadt mit Blick auf Wale im Ozean. Bei ruhigem Wetter kann man zum Onrus Beach wandern. Kehren Sie abends im **Burgundy Restaurant** oder **The Marine Hermanus** *(siehe S. 118)* ein.

### Zweiter Tag

Fahren Sie direkt nach dem Frühstück nach **Gansbaai**. Sie können von den Booten nach Dyer Island u. a. Delfine, Wale und Weiße Haie bzw. auf einer zweistündigen Tour Wale sichten oder die Läden der Stadt erkunden. In Gansbaai lockt mittags das schicke Restaurant **The Great White House** *(siehe S. 99)*. Nehmen Sie bei ausreichend Zeit die längere Strecke, die in Botrivier auf die N2 und über Vredendal Pass und Sir Lowry's Pass nach Somerset West führt. Ein Abstecher zum **Weingut Vergelegen** *(siehe S. 85)* am Helderberg lohnt sich auf jeden Fall.

In der Kulturlandschaft Richtersveld in Namaqualand – UNESCO-Welterbestätte – lebt der Stamm der Nama noch als Wanderhirten.

97

Links **Eine Kirche in Robertson** Rechts **Harold Porter National Botanical Garden**

# TOP 10 Dies & Das

### 1 Strand
Der von Kapstadt 50 Kilometer entfernte Ferienort an der Küste ist nach dem zugehörigen Strand benannt. ◈ *Karte D4*
• *www.strandtourism.com*

### 2 Harold Porter National Botanical Garden
Der Garten widmet sich der *Fynbos*-Flora. ◈ *Karte E6* • *Betty's Bay*
• *(028) 272 9311* • *www.sanbi.org*

### 3 Kogelberg Biosphere Reserve
Das *Fynbos*-Schutzgebiet ist auf Wandern, Mountainbike- und Kajakfahren ausgerichtet.
◈ *Karte E5* • *tägl. 7.30–16 Uhr*
• *Eintritt* • *www.capenature.co.za*

### 4 Salmonsdam Nature Reserve
Auf den Wegen in dem Schutzgebiet am Fuß des Paardeberg kann man Tagestouren durch Berg-*Fynbos* unternehmen. ◈ *Karte V5*
• *Eintritt* • *www.capenature.co.za*

### 5 Robertson
Robertson liegt an der Weinstraße entlang dem Breede River. Die Weingüter bieten günstigere Preise als jene um Stellenbosch und Franschhoek. ◈ *Karte V4*
• *www.robertsonwinevalley.com*

### 6 Ceres
Der nach der römischen Göttin des Ackerbaus benannte Ort liegt im Zentrum des Obstanbaugebiets. ◈ *Karte U3*
• *www.ceres.org.za*

### 7 Karoo National Botanical Garden
Der nicht kultivierte Garten umfasst mehr als 400 Pflanzenarten. Dazu gehört der faszinierende Köcherbaum. ◈ *Karte U4* • *Roux Rd*
• *tägl. 7–19 Uhr* • *Aug–Okt: Eintritt*
• *www.sanbi.org*

### 8 Melkbosstrand
Der Ferienort nördlich von Kapstadt ist bei Anglern beliebt. Der schöne Strand bietet Aussicht auf die Table Bay. ◈ *Karte T4*

### 9 Darling
Der viktorianische Bahnhof der einst idyllischen Stadt ist heute Heimat des kühnen Cabarets Evita se Perron *(siehe S. 67)*.
◈ *Karte T3* • *www.darlingtourism.co.za*

### 10 Rocher Pan Nature Reserve
Zu den Vogelarten, die in dem Feuchtgebiet gesichtet wurden, zählen Rosapelikane und Haubentaucher. ◈ *Karte S2* • *Mai–Aug: tägl. 8–17 Uhr; Sep–Apr: tägl. 7–18 Uhr*
• *Eintritt* • *www.capenature.co.za*

→ *Mehr über die Vegetationsformation* Fynbos *siehe S. 76–78*

| Preiskategorien | | |
|---|---|---|
| Preis für ein Drei-Gänge-Menü pro Person mit einer halben Flasche Wein, inkl. Steuern und Service. | **R** | unter 150 R |
| | **RR** | 150–200 R |
| | **RRR** | 200–250 R |
| | **RRRR** | 250–300 R |
| | **RRRRR** | über 300 R |

Agulhas Country Lodge

# ⬛10 Mittagslokale

### 1 Seafood
In dem Restaurant des Fünf-Sterne-Hotels Marine Hermanus lassen sich exzellentes Seafood und großartige Weine mit Blick auf die Wale vor der Walker Bay genießen. ◈ *Karte U5 • Marine Drive, Hermanus • (028) 313 1000 • RRRRR*

### 2 Dutchies
Das Dutchies bietet internationale Küche und eine schöne Lage am Wasser. Gäste können vom Restaurant aus sehr gut Wale beobachten. ◈ *Karte U5 • Grotto Beach, Hermanus • (028) 314 1392 • R*

### 3 Burgundy Restaurant
Die ausgeklügelte Küche des Restaurants verbindet Einflüsse des nördlichen und südlichen Mittelmeerraums. Das Burgundy liegt in einem der ältesten – heute denkmalgeschützten – Gebäude von Hermanus und bietet Blick auf das Meer. ◈ *Karte U5 • Marine Dr, Hermanus • (028) 312 2800 • RR*

### 4 The Great White House
In dem Lokal kehren Urlauber gern vor Abfahrt der Schiffe zur Wal- und Haibeobachtung ein. Es gibt die ganze Woche über fabelhaftes Seafood, ein frühes Frühstück und leichte Mahlzeiten. ◈ *Karte U6 • 5 Geelbek Street, Kleinbaai, Gansbaai • (028) 384 3273 • R*

### 5 Agulhas Country Lodge
Das Restaurant in einem kleinen Haus in Hanglage zeichnet sich unter den wenigen Lokalen Agulhas' durch exzellente Weine und Seafood sowie grandiose Aussicht über den südlichsten Punkt Afrikas aus. ◈ *Karte U6 • Cape Agulhas • (028) 435 7650 • RRRR*

### 6 Togryers Restaurant
Das Lokal in dem einstigen Zollhaus – heute nationales Wahrzeichen – am Mitchell's Pass ist für Steaks bekannt, serviert aber auch ländliche und leichte Kost. ◈ *Karte U3 • Ceres • (023) 312 1211 • R*

### 7 Geelbek Restaurant
Das auf südafrikanische Küche spezialisierte Restaurant in einem kapholländischen Haus bietet auch einige vegetarische Gerichte. ◈ *Karte S3 • West Coast National Park • (022) 772 2134 • RRR*

### 8 Slipway Waterfront Restaurant
Das Lokal in Küstenlage ist für in der Region gezüchtete Muscheln und Austern bekannt. Es serviert an der Westküste produzierte, erschwingliche Weine. ◈ *Karte S3 • Saldanha Bay • (022) 714 4235 • RR*

### 9 Strandloper Restaurant
Gäste genießen das schmackhafte Grillbüffet mit Krebsen. ◈ *Karte S3 • Langebaan Lagoon • (022) 772 2490 • nur an Wochenenden & einigen Wochentagen mittags geöffnet • RR*

### 10 Muisbosskerm Restaurant
Das Büfett mit Kap-Gerichten in dem Restaurant am Meer lädt zum Verweilen ein. ◈ *Karte S1 • 5 km südl. von Lambert's Bay • (027) 432 1017 • www.muisbosskerm.co.za • RR*

⮕ *Folgende Doppelseite*
**Folkloristische Miniaturmasken, Greenmarket Square**

# REISE-INFOS

TOP 10 KAPSTADT

Links **Parlamentsgebäude** Mitte **Straßenschilder in Englisch und Afrikaans** Rechts **Stromstecker**

# TOP 10 Grundinformationen

## 1 Regierung

Südafrika ist eine parlamentarische Demokratie mit einem Präsidenten als Staatsoberhaupt. Das Zweikammerparlament mit Sitz in Kapstadt bilden die nach dem Verhältniswahlrecht gewählte Nationalversammlung und der Provinzrat. Seit 1994 ist der African National Congress (ANC) dominierende Partei. Die wichtigste Oppositionspartei ist die Democratic Alliance (DA). Im Mai 2009 übernahm der Führer des ANC Jacob Zuma das Amt des Präsidenten.

## 2 Wirtschaft

Südafrika besitzt die stärkste Volkswirtschaft des Kontinents. Das Land ist reich an Bodenschätzen wie Gold und Diamanten, die industrielle Produktion ist vielfältig. Kapstadt ist eines der vier großen Wirtschaftszentren und zieht landesweit die meisten Urlauber an. Ab 1999 betrug das durchschnittliche Wachstum drei bis vier Prozent, mit leichtem Rückgang in jüngster Zeit.

## 3 Sprachen

In Südafrika gibt es elf offizielle Sprachen: Afrikaans, Englisch, isiNdebele, isiXhosa, isiZulu, sePedi, seSotho, seTswana, siSwati, tshiVenda und xiTsonga. In Kapstadt sind Afrikaans, isiXhosa und Englisch am weitesten verbreitet. Urlauber können nahezu alle Belange in englischer Sprache klären.

## 4 Religion

In Südafrika herrscht Religionsfreiheit. Die überwiegend christliche Bevölkerung gehört v. a. den zionistischen, katholischen, methodistischen, niederländisch-reformierten und anglikanischen Kirchen an. Auch Islam, Judentum, andere Religionen und Atheismus sind vertreten.

## 5 Strom

Die Stromspannung in Südafrika beträgt 230 V bei 50 Hz Wechselstrom. Stecker mit Doppelstift sind für fünf Ampere, Stecker mit drei runden Stiften für 15 Ampere ausgelegt. Elektroläden informieren über passende Adapter. In Kapstadt sind Stromausfälle sehr selten.

## 6 Öffnungszeiten

Ämter sind montags bis freitags von 8.30 bis 16.30 Uhr geöffnet, Postämter auch samstags von 8.30 bis 11.30 Uhr. Die Öffnungszeiten der Museen, Weingüter u. a. Sehenswürdigkeiten variieren stark *(siehe auch S. 108 & S. 111)*.

## 7 Zeit

Die südafrikanische Standardzeit entspricht der Mitteleuropäischen Sommerzeit (MESZ) und ist der Winterzeit (MEZ) eine Stunde voraus.

## 8 Botschaften

Die Botschaften Österreichs, Deutschlands und der Schweiz sind in Pretoria/Tshwane in der Provinz Gauteng *(siehe Kasten)*.

## 9 Feiertage

Südafrika hat 12 Feiertage im Jahr: 1. Januar (Neujahr), 21. März (Tag der Menschenrechte), Karfreitag, Ostermontag, 22. April (Freiheitstag), 1. Mai (Tag der Arbeit), 16. Juni (Tag der Jugend), 9. August (Tag der Frauen), 24. September (Tag des Erbes), 16. Dezember (Versöhnungstag), 25. und 26. Dezember (Weihnachten).

## 10 Literatur

Werke von Autoren wie Andre Blink, Achmat Dangor, der Nobelpreisträger J. M. Coetzee und Nadine Gordimer und Mandelas Autobiographie *Long Walk to Freedom* geben Einblick in das Leben in Südafrika. Buchläden in Kapstadt bieten Literatur zu Flora und Fauna.

### Botschaften

**Deutschland**
*180 Blackwood St, Arcadia, Pretoria/ Tshwane 0083*
• *(012) 427 8900*
• *www.pretoria.diplo.de*

**Österreich**
*1109 Duncan St, Brooklyn, Pretoria/ Tshwane 0181*
• *(012) 452 9155*
• *www.bmeia.gv.at/ pretoria*

**Schweiz**
*225 Veale St, New Muckleneuck, Pretoria/ Tshwane 0181*
• *(012) 452 0660*
• *www.eda.admin.ch/ pretoria*

*In Südafrika werden auf einen Sonntag fallende Feiertage am darauffolgenden Montag begangen.*

Links **Internet-Café** Mitte **Fremdenverkehrsinformation** Rechts **Zollschild am Flughafen**

# 10 Reisevorbereitung

## 1 Information

Kapstadts Fremdenverkehrsorganisation Cape Town Tourism betreibt 20 Informationsstellen in der Stadt. Urlauber erhalten hier kompetente Hilfe bei Buchungen und weitere Dienstleistungen.
📞 *(021) 487 6800 • www. tourismcapetown.co.za*

## 2 Internet

Unter den vielen Reisen nach Kapstadt gewidmeten Websites ist die offizielle Internet-Seite des Fremdenverkehrsamts der Stadt besonders hilfreich (www.tourismcapetown. co.za). Sehr gut sind auch www.capetown.org und die auf Veranstaltungshinweise spezialisierte Seite www.capetowntoday.co. za. Unter der Adresse www.wineroutes.co.za findet man Informationen über die Weinregion, unter www.eatout.co.za und www.restaurants.co.za Restauranthinweise.

## 3 Karten

In den Fremdenverkehrsbüros in Kapstadt sind gute kostenlose Karten erhältlich. Auch die Büros in kleineren Städten bieten Kartenmaterial. Map Studio hat die beste Auswahl an detaillierten Karten. 📞 *Map Studio: Freeway Park on Upper Camp • (021) 510 4311 • www.mapstudio.co.za*

## 4 Einreise

Bewohner der Europäischen Union benötigen für die Einreise und einen Aufenthalt von bis zu 90 Tagen einen Reisepass, der mindestens sechs Monate über das Ausreisedatum hinaus gültig ist und über wenigstens zwei freie Seiten für Sichtvermerke verfügt. Ein Visum ist nicht erforderlich. Beachten Sie, dass eine Überschreitung der Aufenthaltsfrist mit empfindlichen Geldstrafen geahndet wird.

## 5 Zoll

Zollfrei eingeführt werden dürfen 50 Milliliter Parfum, zwei Liter Wein, ein Liter Spirituosen, 200 Zigaretten, 250 Gramm Tabak, 20 Zigarren bzw. Waren bis zu einem Betrag von 3000 Rand.

## 6 Versicherung

Eine Reisekrankenversicherung ist empfehlenswert. Für ärztliche Leistungen und die Behandlung in Krankenhäusern sind grundsätzlich Vorauszahlungen in zum Teil beträchtlicher Höhe zu leisten.

## 7 Beste Reisezeit

Die Sommermonate von Oktober bis März sind Hauptsaison. In dieser Zeit sind meist höhere Preise für Unterkünfte zu zahlen. Im Winter ist das Wetter wechselhaft: Es gibt schöne milde Tage, aber auch Kälte, Nieselregen und Wind. Die beste Reisezeit ist im späten August und im September, wenn die Besucherzahlen gemäßigt sind, das Wetter ausgeglichen ist und die Wildblumen prächtig blühen.

## 8 Kleidung

Für den warmen bis milden Sommer in Südafrika empfiehlt sich leichte Kleidung, vorsichtshalber auch Pullover. In den kalten Wintermonaten von Mai bis September ist eine Jacke erforderlich. Leicht bekleidete Frauen ziehen außer an Stränden unerwünschte Aufmerksamkeit von Männern auf sich.

## 9 Reisegepäck

Wappnen Sie sich mit Creme und Hut gegen die Sonne. Ein Fernglas ist für die Beobachtung der Tierwelt von Nutzen. Verschreibungspflichtige Medikamente sollte man bei der Einreise mit sich führen. Die Läden in Kapstadt versorgen Besucher mit allen benötigten Utensilien.

## 10 Dauer des Aufenthalts

Dem Besuch Kapstadts und der Weinregion sollte man mindestens eine Woche widmen, die Attraktionen füllen einen 14-tägigen Aufenthalt leicht aus.

### Fremdenverkehrs-ämter

**The Pinnacle Building**
*Karte Q4 • nordöstl. Burg St & Castle St • (021) 487 6800*

**Stellenbosch**
*Karte D2 • 36 Market St • (021) 883 3584*

**V & A Waterfront**
*Karte Q2 • Clock Tower • (021) 405 4500*

Links **Cape Town International Airport** Rechts **Ein Taxi in Kapstadt**

# TOP 10 Anreise

## 1 Mit dem Flugzeug

Der OR Tambo International Airport bei Johannesburg ist der wichtigste internationale Flughafen Südafrikas. Einige Fluggesellschaften bieten auch Direktflüge nach Kapstadt an. South African Airways bedient die Strecke von München nach Kapstadt, Lufthansa startet von Frankfurt aus.

## 2 Flüge innerhalb Afrikas

South African Airways bietet Direktflüge zu allen Hauptstädten Afrikas. In den anderen afrikanischen Ländern fliegen die meisten nationalen Gesellschaften von der jeweiligen Hauptstadt nach Südafrika und Europa. Flüge aus anderen afrikanischen Staaten gehen nach Johannesburg. Von dort gelangen Reisende mit Inlandsflügen nach Kapstadt.

## 3 Inlandsflüge

Neben South African Airways bieten Kulula, Mango, Nationwide und 1time preiswerte Flugverbindungen zwischen Kapstadt und anderen südafrikanischen Städten *(siehe S. 107).*

## 4 Cape Town International Airport

Der Flughafen liegt an der N2 20 Kilometer östlich des Stadtzentrums von Kapstadt. Der Cape Town International Airport zählt in Bezug auf Passagierzahlen zu den größten Flughäfen Afrikas. Neben Läden und Restaurants bietet er auch Bank- und Postdienste sowie einige Autovermietungen.
☏ *(021) 937 1200 • www. airports.co.za*

## 5 Flughafenhotel

Kapstadts Flughafen liegt 20 Kilometer außerhalb der Stadt in den Cape Flats. Reisende, die Kapstadt spätabends erreichen oder frühmorgens verlassen, können in einem der 90 Zimmer der Road Lodge, des einzigen gut ausgestatteten Hotels in Flughafennähe, recht günstig übernachten.
☏ *Karte C3 • (021) 934 7303 • www.citylodge.co.za*

## 6 Vom Flughafen

Einige Hotels bieten ihren Gästen einen kostenlosen Flughafentransfer. Der Shuttle-Dienst Randy's verkehrt regelmäßig zwischen Flughafen, Stadtzentrum, V & A Waterfront, Green Point und Camps Bay. Der Preis beträgt je nach Wegstrecke und Gruppengröße ca. 200 Rand. Privattaxis und Mietwagen sind teurer. ☏ *Randy's: (021) 706 0166 • www.randystours.com*

## 7 Überlandbusse

Überlandbusse verbinden Kapstadt mit Johannesburg, Pretoria, Port Elizabeth, Durban und Upington. Die Tarife sind preiswert. Zu den größten Unternehmen zählen Greyhound (www.greyhound.co.za), Intercape (www.intercape.co.za), Translux (www.translux.co.za) sowie Intercity Xpress (www.intercity.co.za).

## 8 Mietwagen

Mietwagen sind ab einem Preis von 150 Rand pro Tag erhältlich. Eine Nutzung über 200 Kilometer ist inbegriffen. Die meisten internationalen Anbieter wie Avis (www.avis.co.za) und Hertz (www.hertz.co.za) sind in Kapstadt vertreten. Wagen dieser Firmen sind teurer als die regionaler Unternehmen wie AA Car Hire (www.aacarhirecapetown.co.za) und Tempest Sixt (www.tempestcarhire.co.za).

## 9 Züge

Da Züge in Südafrika kein sicheres Verkehrsmittel sind, greifen Urlauber selten darauf zurück. Informationen über Verbindungen liefert www.spoornet.co.za. Der Blue Train zwischen Pretoria bzw. Johannesburg und Kapstadt (www.bluetrain.co.za) und die komfortablen Züge von Rovos Rail (www.rovosrail.co.za) dagegen sind sehr beliebt.

## 10 Mit dem Schiff

Kreuzfahrtschiffe legen auf Fahrten zu Inseln im Indischen Ozean und nach Europa in Kapstadt an. Sehr interessant ist eine Fahrt auf der *RMS St Helena* (www.rms-st-helena.com), dem letzten Postschiff der Welt, das jährlich zwischen Southampton und St. Helena verkehrt.

*Viele Südafrika-Urlauber nutzen das Angebot an Gabelflügen (z. B. Ankunft in Kapstadt, Rückflug von Johannesburg),*

Links **Tankstelle** Mitte **Mietwagenfirma** Rechts **Stadtbus**

# TOP10 Unterwegs

## 1 Rikki Taxis

Die Fahrzeuge bilden eine Mischform aus normalen Taxis und den typisch afrikanischen Zusteigetaxis für mehrere Personen. Wagen kann man telefonisch bestellen oder im Stadtzentrum und einigen Vororten an der Straße heranwinken. »Rikki Phones« sind an vielen Orten zu finden. Diese Taxis transportieren bis zu sechs Passagiere. Sie sind preiswerter als andere. ✆ *(086) 174 5547 • Mo–Do 6.30–2 Uhr, Fr–So 24 Std. • www.rikkis.co.za*

## 2 Taxis

Taxitarife in Kapstadt sind mit etwa 10 Rand pro Kilometer günstig. Es gibt kaum umherfahrende Wagen, die man heranwinken kann. In der Long Street sowie vor den meisten gehobenen Hotels und den Malls befinden sich jedoch Taxistände. Auch telefonische Bestellungen sind möglich. ✆ *Marine: (021) 434 0434* ✆ *Sea Point Taxis: (021) 434 4444* ✆ *Unicab: (021) 448 1720*

## 3 Mietwagen

Die Kap-Halbinsel und die Weinregion lassen sich gut mit Mietwagen erkunden. Die Gebühren sind relativ hoch. Buchen Sie am besten schon vor der Anreise. Alle Mietwagenfirmen sind an allen internationalen Flughäfen vertreten. Voraussetzung ist ein Mindestalter von 23 Jahren und der Besitz des Führerscheins seit fünf Jahren.

## 4 Tankstellen

Die meisten Tankstellen sind rund um die Uhr geöffnet und besitzen einen Ladenbereich. Kreditkarten werden angenommen. Einige Tankstellen akzeptieren nur vor Ort ausgestellte Benzinkarten, ansonsten ist Barzahlung erforderlich.

## 5 Parken

Mehrstöckige Parkhäuser sind in ganz Kapstadt vorhanden. An den meisten Attraktionen wie Gardens und dem Iziko Castle of Good Hope gibt es Parkplätze. Am Straßenrand stehen oft Parkwächter, die für ein Trinkgeld von 2 bis 5 Rand Ihren Wagen im Auge behalten.

## 6 Radfahren

Im Zentrum Kapstadts ist Radfahren kaum empfehlenswert. Außerhalb der Stadt ist es eine schöne Möglichkeit, die Landschaft zu erkunden. Allerdings sollte man immer die beträchtlichen Entfernungen zwischen den Orten bedenken. Downhill Adventures ist ein empfehlenswerter Fahrradverleih (021 422 0388; www.downhilladventures.com).

## 7 Zu Fuß

Das Zentrum Kapstadts erkundet man am besten zu Fuß. Die meisten Sehenswürdigkeiten liegen nicht weit voneinander entfernt. Auf Spaziergängen sollte man keine Wertsachen bei sich tragen. Erkundigen Sie sich bei Einheimischen, welche Gebiete nach Einbruch der Dunkelheit sicher sind. Rufen Sie im Zweifelsfall ein Taxi.

## 8 Busse

Golden Acre Bus Terminal in der Strand Street ist der Knotenpunkt von Kapstadts Busliniennetz. In abgelegene Vororte bestehen eingeschränkte Verbindungen. Stadtrundfahrten in Bussen mit offenem Verdeck sind beliebt *(siehe S. 107)*.

## 9 Züge

Kapstadts Hauptbahnhof liegt in der Adderley Street. Für die zwischen Kapstadt und Simon's Town verkehrende Bahn ist das »Hop-on, hop-off«-Ticket attraktiv: Beim Kauf der Fahrkarte erhält man einen detaillierten Plan der Sehenswürdigkeiten nahe den Bahnhöfen. Es gibt regelmäßige Zugverbindungen nach Stellenbosch. ✆ *(080) 065 6463 • Tickets: 1. Klasse 23–50 Rand, 2. Klasse 14–50 Rand • www.capemetrorail.co.za*

## 10 Geführte Touren

Für Urlauber ohne eigenes Transportmittel sind geführte Touren die beste Möglichkeit, abgelegene Gebiete wie das Cape of Good Hope Nature Reserve *(siehe S. 26f)* oder die Weinregion zu besuchen. In Townships bieten Gruppen Sicherheit. Hotels und Fremdenverkehrsbüros empfehlen Veranstalter.

*Beachten Sie bei einer Radtour um die Kap-Halbinsel, dass der Transport von Fahrrädern in Nahverkehrszügen nicht gestattet ist.*

Links **Ein Strauß überquert eine Straße** Mitte **Sonnencreme** Rechts **Wolken über dem Tafelberg**

# TOP 10 Vorsicht!

## 1 Straßenverkehr

Wenn Sie mit einem Auto unterwegs sind, benötigen Sie den internationalen Führerschein. Afrikaner sind für einen forschen Fahrstil bekannt, die Autofahrer Südafrikas bilden keine Ausnahme. Vor allem vor den als rücksichtslos berüchtigten Minibussen, die als öffentliche Verkehrsmittel dienen, sollte man sich in Acht nehmen. In ländlichen Gebieten – u. a. in der Weinregion – überqueren häufig Tiere die Straßen.

## 2 Sonne

Wegen der ozonarmen Atmosphäre und des oft wolkenlosen Himmels ist die Sonnenstrahlung in Südafrika sehr stark *(siehe S. 109)*. Besucher sollten vor Spaziergängen und Wanderungen Sonnencreme mit hohem Lichtschutzfaktor auftragen und einen breitkrempigen Hut tragen. Wegen der starken Reflektion der Sonnenstrahlen durch das Wasser sind diese Maßnahmen auch auf Bootsfahrten zu ergreifen.

## 3 Schlangen

Schlangen begegnet man auf dem Tafelberg und in Naturschutzgebieten. Die meisten Schlangenarten sind harmlos. Auch Giftschlangen flüchten meist, wenn sie nahende Schritte spüren. Auf Wanderungen reduziert das Tragen festen Schuhwerks und langer Hosen die Gefahr von Schlangen-

bissen. Nehmen Sie keine Hölzer oder Steine vom Boden auf, sofern Sie keine Handschuhe tragen.

## 4 Füttern von Pavianen

Von Menschen gefütterte Paviane betrachten diese als Nahrungsquelle und zeigen aggressives Verhalten. Wer den Tieren bewusst Speisen gibt, fördert diese Tendenz. Die Paviane müssen anschließend oft getötet werden. Sollte Sie ein Pavian um Nahrung angehen, überlassen Sie ihm dennoch sofort den Leckerbissen: Die scharfen Schneidezähne können hässliche Bisswunden verursachen.

## 5 HIV & Aids

Der Prozentsatz von mit HIV infizierten Personen ist in Südafrika sehr hoch. Abstinenz bietet den besten Schutz. Kondome sind in Apotheken, Supermärkten und Tankstellen erhältlich.

## 6 Betrug an Geldautomaten

Betrüger arbeiten mit zwei Verfahrensweisen: Ein scheinbar hilfsbereiter Einheimischer flüchtet mit Ihrer Karte oder man bewerkstelligt während des Abbuchungsvorgangs das Steckenbleiben der Karte im Automaten. Außerhalb der Banköffnungszeiten und in abgelegenen Gebieten ist das Risiko am größten. Geben Sie Ihre PIN niemals preis und tippen Sie sie unbeobachtet ein.

## 7 Überfälle

Wenn man die üblichen Vorsichtsmaßnahmen *(siehe S. 109)* beachtet, besteht kaum die Gefahr eines Überfalls. Ein Tipp: Halten Sie etwas Kleingeld in Jacken- oder Hosentasche bereit, damit Sie nicht ständig den Geldbeutel zücken müssen.

## 8 Wetterwechsel in den Bergen

Das unbeständige Wetter auf dem Tafelberg fordert jedes Jahr Opfer. Auch an klaren Tagen sollte man sich der Möglichkeit eines plötzlichen Wetterwechsels bewusst sein. Steigen Sie bei auftretendem Nebel ab bzw. warten Sie bei allzu schlechten Sichtverhältnissen auf Hilfe.

## 9 Schwimmen

Obwohl gelegentliche Haiangriffe Schlagzeilen machen, liegt für Schwimmer die größere Gefahr in heftiger Strömung bei stürmischem Wetter. Fragen Sie vor Ort nach den Bedingungen, und gehen Sie nicht bei schlechtem Wetter oder allein ins Wasser.

## 10 Autofahren in der Weinregion

Nach Weinproben selbst Auto zu fahren, ist gefährlich und steht unter Strafe. Entscheiden Sie entweder über einen Fahrer, der nicht an der Verkostung teilnimmt, oder schließen Sie sich einem der organisierten Ausflüge von Kapstadt oder Stellenbosch aus an *(siehe S. 64)*.

*In Südafrika herrscht Linksverkehr.*

Links **Stadtrundfahrt** Mitte **Mitgebrachter Wein** Rechts Cocktail zur Happy Hour

# 10 Kapstadt für wenig Geld

### 1 Preiswerte Inlandsflüge

Flugreisende profitieren von der zunehmenden Konkurrenz unter den Airlines – das Angebot an günstigen Flügen ist gut. Für Besucher, die hinsichtlich der Reisedaten flexibel sind, sind Flüge zwischen Johannesburg, Durban und Kapstadt oft günstiger als Fahrten mit Bus oder Bahn. Informationen bieten www.flymango.com, www.kulula.com, www. flynationwide.co.za, www. flysaa.com und www. 1time.aero.

### 2 Hotelpreise in der Nebensaison

Wie in allen saisonal frequentierten Urlaubszielen sind auch in Kapstadt in der Nebensaison zahlreiche Hotelzimmer verfügbar. Viele Hotels offerieren von Mai bis September äußerst preiswerte Angebote bei kurzfristiger Online-Buchung oder bei Erscheinen vor Ort. Zuweilen bezahlen Gäste mit 300 Rand für ein Doppelzimmer wenig mehr als für die Unterkunft in einer Jugendherberge. Die Hotelketten Protea und City Lodge haben besonders günstige Angebote (www.citylodge.co.za, www.proteahotels.co.za.

### 3 Kostenlose Unternehmungen

Die Eintrittspreise für die Hauptattraktionen Kapstadts sind zwar günstig, addieren sich aber rasch. Kostenlose Unternehmungen lohnen sich: Nehmen

Sie sich einen Tag Zeit, um zu Fuß statt mit der Seilbahn auf den Tafelberg zu gelangen, wandern Sie auf den Lion's Head, verbringen Sie einen Nachmittag in Gardens, indem Sie Tauben füttern und Eichhörnchen beobachten, oder machen Sie einen langen Spaziergang in Noordhoek.

### 4 Happy Hour

Viele Bars in Kapstadt bieten zur Happy Hour Getränke zum halben Preis oder zwei Getränke zum Preis von einem.

### 5 Minibusse

Die als Zusteigetaxis fungierenden Busse bedienen von frühmorgens bis abends Strecken entlang Victoria, Regent und Strand Road sowie Long, Kloof und Buitenkant Street. Man kann sie an der Straße oder an den Haltestellen heranwinken. Fragen Sie vor dem Einsteigen nach der Route. Informieren Sie den Fahrer über Ihren Zielpunkt und bedanken Sie sich beim Aussteigen. Tarife betragen ca. 3,50 bis 4,50 Rand.

### 6 Stadtrundfahrten mit dem Bus

Die offenen Stadtrundfahrtbusse Kapstadts, in denen man jederzeit zu- und aussteigen kann, sind beliebte Transportmittel. Die beiden Linien – Green Route und Blue Route – kann man für 100 Rand einen Tag lang unbegrenzt nutzen.
☎ (021) 511 6000 • www. citysightseeing.co.za

### 7 Preiswerte Tagesausflüge

Busreisen bieten mehr Komfort als öffentliche Verkehrsmittel und sind günstiger als Taxis. Mehrere Veranstalter bieten Touren nach Cape Point und Boulders, in die Weinregion oder in Townships bzw. organisieren Abenteuerurlaube. Agenturen in der Long Street nehmen Buchungen entgegen.

### 8 Mitgebrachter Wein

In viele Restaurants dürfen Gäste eigenen Wein mitbringen. Damit kann man die Getränkekosten erheblich reduzieren, auch wenn ein Korkgeld (üblicherweise 20 bis 30 Rand) erhoben wird. Erkundigen Sie sich vorab bei der Reservierung.

### 9 Picknick & Selbstversorgung

Die vielen Supermärkte Kapstadts bieten alles für Selbstversorger und köstliche Picknickzutaten. In Gardens, Boulders Beach oder auf den Weingütern um Stellenbosch gibt es schöne Picknickgelände.

### 10 Zu Fuß unterwegs

Zu Fuß sind Urlauber am preiswertesten unterwegs. Die Viertel Kapstadts, Stellenboschs und Franschhoeks lassen sich prima auf Spaziergängen erkunden. Fleißige Wanderer können stadtnah gelegene Weingüter wie Mont Rochelle oder Lanzerac in ihre Touren aufnehmen.

*Der »Hop-on, hop-off« Baz Bus fährt über Durban und Garden Route von Johannesburg nach Kapstadt (www.bazbus.co.za).*

Links **Geldautomat** Mitte **Post- & Kurierdienst** Rechts **Tageszeitung**

# Geld & Kommunikation

## 1 Währung

Südafrikanische Währung ist der Rand (Abkürzung R bzw. ZAR). 1 Rand entspricht 100 Cent. Geldscheine sind in Werten von 10, 20, 50, 100 und 200 Rand im Umlauf, Münzen in den Werten 5, 2 und 1 Rand sowie 50, 20, 10 und 5 Cent.

## 2 Banköffnungszeiten

Die meisten Banken haben montags bis freitags von 9 bis 15.30 Uhr, samstags von 8.30 bis 11.30 Uhr geöffnet. In Kleinstädten ist dies nicht immer der Fall. Banken an internationalen Flughäfen sind wesentlich länger geöffnet.

## 3 Geldwechsel

In den meisten Banken kann man Geld wechseln. Private Wechselbüros (Forex Bureaux) in Shopping Malls und an Flughäfen sind länger offen. Jeder Devisenhandel wird dokumentiert, bei den Transaktionen ist der Reisepass vorzulegen. Die Kurse sind nicht verhandelbar. Es gibt keinen Schwarzmarkt.

## 4 Kreditkarten

Fast alle Hotels, Restaurants und Läden akzeptieren gängige Kreditkarten. Visa und MasterCard werden am häufigsten angenommen, American Express ist wenig verbreitet und wird nicht immer akzeptiert. An Marktständen und in kleinen Läden ist bar zu bezahlen.

## 5 Geldautomaten

Bei den meisten Banken kann man mit Kreditkarte an Automaten Geld abheben. Die Höchstsumme beträgt pro Abhebung üblicherweise 1000 Rand. Auch an Flughäfen befinden sich Geldautomaten (ATMs). Seien Sie bei der Benutzung wachsam *(siehe S. 106).*

## 6 Telefon & Handy

Inlands- und Auslandsgespräche kann man von den meisten Telefonzellen oder vom Hotelzimmer führen. Die Vorwahl von Kapstadt lautet 021, die Vorwahl Südafrikas 0027. Die Mitnahme eines Handys *(cell phone)* ist anzuraten, informieren Sie sich vorab über die Tarife vor Ort. An großen Flughäfen kann man Handys mieten. Mobiltelefonnummern beginnen mit 07 oder 08. Die Nummer für Deutschland Direkt lautet: 0800 990 049.

## 7 Internet-Cafés

Internet-Cafés mit Breitbandzugang sind in ganz Kapstadt zu finden. Der Internet-Zugang in Hotels ist meist wesentlich teurer. WLAN steht an internationalen Flughäfen sowie in einigen Cafés, Restaurants und Hotels zur Verfügung. Besucher, die darauf angewiesen sind, sollten sich vorab beim Hotel erkundigen.

## 8 Post-, Schiffs- & Kurierversand

Postsendungen nach und aus Südafrika werden zuverlässig, aber langsam erledigt. Luftpost nach Europa benötigt etwa eine Woche. Der private Zustelldienst PostNet betreibt in vielen großen Malls Niederlassungen. Für den Versand von Wertsachen empfehlen sich internationale Kurierdienste wie FedEx und DHL.

## 9 Presse

Seit dem Ende der Apartheid herrscht Pressefreiheit. In den Städten gibt es einige deutschsprachige Zeitungen zu kaufen.

## 10 Fernsehen

Drei Sender der staatlichen Anstalt SABC und der Privatsender eTv werden ausgestrahlt. Alle werden von amerikanischen Sendungen und Werbung dominiert. Die meisten Hotels und Sport-Bars bieten Kabelfernsehen mit Film-, Sport- und Nachrichtenprogrammen.

### Kreditkartenverlust

**Allgemeine Notrufnummer**
• *0049 116 116*
• *www.116116.eu*

**American Express**
• *011 359 0200*

**Diners Club**
• *0860 346 377*

**MasterCard**
• *0800 990 418*

**Visa**
• *0800 990 475*

**Maestro-/EC-Karte**
• *0949 69 740 987*

 *Für Vieltelefonierer ist der Gebrauch einer vor Ort erworbenen SIM-Card kostensparend.*

Links **Apotheke in Kapstadt** Mitte **Private Arztpraxis** Rechts **Dienstabzeichen eines Polizisten**

# TOP10 Sicherheit & Gesundheit

## 1 Versicherung

Eine Reisekranken-versicherung ist empfehlenswert, da die Behandlung beim Arzt oder im Krankenhaus teuer werden kann. Die medizinische Versorgung ist in der Regel gut.

## 2 Impfungen

Die für Reisen in tropische Länder empfohlenen Impfungen sind für einen Aufenthalt in Kapstadt nicht nötig. Zur Sicherheit kann eine Auffrischung des Polio- und Tetanus-Schutzes nicht schaden. Personen, die aus Gelbfiebergebieten, darunter einige andere afrikanische Staaten, einreisen, müssen einen entsprechenden Impfschutz nachweisen.

## 3 Notfälle

In ganz Südafrika lautet der Polizeinotruf 10111, für Krankenwagen 10177. Bei beiden Nummern entfällt die Ortsvorwahl. Regionale Notrufnummern sind in den Adressbüchern von Hotels aufgeführt. Am besten erkundigt man sich jedoch an der Rezeption.

## 4 Krankenhäuser & Apotheken

In Kapstadt gibt es mehrere Krankenhäuser. Der medizinische Standard ist dem europäischen vergleichbar. Hotels geben Empfehlungen für andere Einrichtungen wie Zahnarztpraxen. Apotheken finden Sie in allen Teilen Kapstadts. Allerdings hat lediglich die Apotheke M-Kem an der Durban Road nahe der Autobahn N1 24 Stunden geöffnet (021 948 5706).

## 5 Malaria

Malariavorkommen sind in Südafrika auf die Gebiete an den nördlichen und östlichen Landesgrenzen beschränkt. Urlauber, die ausschließlich die Provinz Westkap bereisen möchten, müssen keine Vorkehrungen treffen: Die Region ist malariafrei. Wer jedoch Ausflüge in den Kruger National Park oder an die Küstenregion nördlich von Durban plant, sollte sich rechtzeitig vor Beginn der Reise um eine Malaria-Prophylaxe bemühen.

## 6 Sonnenbrand

Für Reisende aus kälteren Klimazonen birgt die gleißende Sonne Südafrikas Gefahren: Wer sich am Strand zu lange der Sonne aussetzt, riskiert einen schmerzhaften Sonnenbrand oder einen Sonnenstich. Sonnenanbeter sollten sich mit einem starken Schutzmittel eincremen und das Bräunen auf eine Stunde beschränken. Die beste Zeit zum Sonnenbaden ist bei niedrigem Sonnenstand.

## 7 Trinkwasser

Sofern nicht durch ausdrückliche Warnhinweise als ungenießbar gekennzeichnet, ist Leitungswasser in Kapstadt trinkbar. In Flaschen abgefülltes Wasser ist überall in der Stadt erhältlich.

## 8 Öffentliche Toiletten

Öffentliche Toiletten sind europäischem Standard entsprechend sehr gepflegt, mit wenigen unrühmlichen Ausnahmen. An den meisten Tankstellen und in Shopping Malls sind die Toiletten gut ausgeschildert. In der Innenstadt sind sie schwerer zu finden. Auf Anfrage kann man auf Stadtspaziergängen die sanitären Einrichtungen eines Hotels oder Restaurants nutzen.

## 9 Verbrechen

Führen Sie nur geringe Geldsummen mit sich und tragen Sie Ihre Kamera verdeckt. Lassen Sie Ihr Gepäck nicht unbeaufsichtigt. Bitten Sie Einheimische um Rat, welche Gebiete nach Einbruch der Dunkelheit sicher sind (siehe S. 106). Nach Sonnenuntergang ist an abgelegenen Aussichtspunkten Vorsicht geboten.

## 10 Tiere

Schlangen und Skorpione stellen für Wanderer in Naturreservaten eine geringe, aber nicht zu vernachlässigende Gefahr dar. Tragen Sie feste Schuhe und lange Hosen. In der False Bay gibt es Haiangriffe, v. a. auf Surfer. Das Risiko ist aber gering und kann weiter reduziert werden, indem man nicht mit offenen Wunden oder nach Sonnenuntergang bzw. vor Sonnenaufgang baden geht, wenn die Tiere besonders aktiv sind.

*Afrika wird mit wilden Tieren assoziiert. In Kapstadt sind Paviane die einzigen potenziell gefährlichen Säugetiere siehe S. 106*

Links *Pink Map* Rechts **Unterkunft für Rucksackurlauber**

# TOP 10 Besondere Interessen

## 1 Behinderte Reisende

Einrichtungen für behinderte Reisende sind in Südafrika wenig verbreitet, die Situation verbessert sich jedoch langsam. Die meisten Hotels, Urlauberattraktionen und Shopping Malls sind mit Rollstühlen zugänglich. Die Hauptwege im Kirstenbosch National Botanical Garden sind für Rollstühle geeignet und besitzen eine Beschilderung in Braille-Schrift. Die Internet-Seite www. eco-access.org.za liefert Informationen über rollstuhlgerechte Zugänge zu anderen Naturschutzgebieten. Erkundigen Sie sich vor Bestellung eines Mietwagens nach der entsprechenden Karte für besondere Parkerlaubnis.

## 2 Organisierte Touren für behinderte Reisende

Mehrere Organisationen veranstalten auf behinderte Reisende abgestimmte Touren. Flamingo Tours (www.flamingotours.co.za) und Endeavour Safaris (www.endeavour-safaris. com) bieten Personen mit verschiedensten Einschränkungen Programme. Der südafrikanische Touranbieter Rolling South Africa ist ebenfalls empfehlenswert (www.rollingsa.co.za).

## 3 Alleinreisende Frauen

Die Einstellung gegenüber Frauen ist in Südafrika wesentlich konservativer als in Europa. Dennoch bereisen viele Frauen das Land allein. Achten Sie in ländlichen Gebieten auf dezente Kleidung, und meiden Sie bei Dunkelheit menschenleere Gebiete.

## 4 Rucksackurlauber

Kapstadt zieht viele Rucksackurlauber an. Mehrere Herbergen bieten interessante Angebote. Innerhalb und außerhalb der Stadt gibt es wunderbare Touren. Die Website www.coastingafrica.com und die dazugehörige Broschüre *Coast To Coast* enthalten wertvolle Informationen.

## 5 Camping

Um Kapstadt und in den meisten Naturschutzgebieten gibt es mit sanitären Anlagen und Kochbereichen gut ausgestattete Campingplätze. Im Wohnwagen lässt sich die Region sehr gut erkunden.

## 6 Studenten

Reisende unter 26 Jahren und Studenten mit einem gültigen internationalen Studentenausweis (ISIC) erhalten in einigen Sehenswürdigkeiten und öffentlichen Verkehrsmitteln Ermäßigungen.

## 7 Mit Kindern reisen

Kapstadt bietet Kindern jeden Alters viele Attraktionen. In den meisten Hotels übernachten Kinder zu ermäßigten Preisen oder kostenlos im Zimmer der Eltern. In Restaurants sind preiswerte Kinderportionen erhältlich. Bei den meisten Attraktionen beträgt der Eintrittspreis für Kinder um ein Viertel bis um die Hälfte weniger als der reguläre Preis.

## 8 Senioren

Südafrika ist auf ältere Reisende besser eingestellt als viele andere afrikanische Länder und ein bei Senioren beliebtes Reiseziel. Viele Dienstleister und Veranstalter bieten Preisnachlässe für Senioren.

## 9 Schwule & Lesben

Die Politik Südafrikas ist Schwulen und Lesben gegenüber liberal. Kapstadt besitzt die größte homosexuelle Szene im Land und gilt unter schwullesbischen Reisenden als äußerst beliebtes Ziel. An einigen anderen Orten Südafrikas hinkt die Einstellung der Menschen der politischen Freiheit etwas nach. Offen homosexuelles Verhalten kann zu Konflikten führen.

## 10 Information für Schwule & Lesben

Die Internet-Seiten www. capetown.tv und www. capeinfoafrica.co.za nennen u. a. Hotels und andere Einrichtungen für homosexuelle Reisende. Die offizielle Seite des Cape Town Pride Festival www. capetownpride.co.za *(siehe S. 54)* bietet fundierte Informationen über das homosexuelle Leben in der Stadt. *Pink Map* ist eine weitere hilfreiche Informationsquelle.

*Die Association for Persons with Physical Disabilities informiert unter (021) 555 2881 über behindertengerechte Einrichtungen.*

Links **An der V & A Waterfront** Mitte **Unterkunft für Selbstversorger** Rechts **Trinkgeld**

# TOP 10 Nützliche Hinweise

## 1 Ladenöffnungszeiten

Läden haben montags bis freitags von 9 bis 17 Uhr geöffnet, einige Geschäfte sind bis 18 Uhr offen. Läden in Shopping Malls wie der Victoria Wharf an der V & A Waterfront sind bis 21 Uhr geöffnet. Läden, die auch samstags öffnen, besitzen unter der Woche kürzere Öffnungszeiten.

## 2 Mehrwertsteuer

Die Mehrwertsteuer beträgt in Südafrika 14 Prozent. Ausländische Reisende können sich diese bei Einkäufen von einem Wert ab 250 Rand rückerstatten lassen. Bei der Ausreise sind dazu in den entsprechenden Büros am Cape Town International Airport oder am OR Tambo International Airport in Johannesburg die Kassenbons vorzulegen. ✎ *Mehrwertsteuerrückerstattung: Clock Tower Bldg, V & A Waterfront • Mo–Sa 9–17 Uhr, So 10–17 Uhr*

## 3 Kunsthandwerk

In Kapstadt ist Kunsthandwerk aus ganz Afrika erhältlich. An der V & A Waterfront, der Long Street, beim Hauptbahnhof, im Fischerhafen in Hout Bay sowie an der Hauptstraße in Kalk Bay gibt es entsprechende Märkte und Läden.

## 4 Frühstück

Bei den meisten gehobenen Hotels ist das Frühstück im Zimmerpreis enthalten. Die Büfetts bieten eine reiche Auswahl warmer und kalter Speisen. Haben Sie ein Zimmer ohne Frühstück gebucht, sind Kaffee und Croissants in Delikatessenläden oder Cafés preiswerte Alternativen. Die Kloof Street bietet viele Optionen für ein günstiges Frühstück.

## 5 Mittagessen

Den meisten Sehenswürdigkeiten sind Lokale angeschlossen. Auf Besichtigungstouren kann man dort einen Imbiss einnehmen. An lauen Sommertagen lockt ein entspanntes Mittagessen in einem der Seafood-Restaurants an der V & A Waterfront, zu dem man kühlen Weißwein genießt.

## 6 Abendessen

Für Einheimische ist das Abendessen die wichtigste Mahlzeit des Tages. In Restaurants werden in der Regel ein Drei-Gänge-Menü und Rotwein serviert. Preisbewusste Reisende sollten beachten, dass ein Hauptgericht in der Regel ausreicht und Vor- und Nachspeisen den Rechnungspreis in die Höhe treiben. Im Sommer kann man an Tischen im Freien speisen, von Mai bis September ist dies kaum möglich.

## 7 Picknick

Auf den Rasenflächen der Weingüter an der Wine Route kann man mittags wunderbar picknicken. Die in Boschendal und Spier erhältlichen Picknickkörbe sind hervorragend bestückt. Das Fynbos Deli im Kirstenbosch National Botanical Garden bietet ebenfalls exquisite Pakete. Man kann sich auch in Supermärkten für ein Picknick eindecken.

## 8 Trinkgeld

Kellner und Barkeeper sind auf Trinkgeld angewiesen. Je nach Zufriedenheit mit dem Service sollte das Trinkgeld 10 bis 15 Prozent betragen. Bargeld ist einem aufgerundeten Rechnungsbetrag bei Kartenzahlung vorzuziehen. Hotelportiers erhalten 2 bis 5 Rand pro Gepäckstück. Andernorts ist Trinkgeld Ermessenssache.

## 9 Unterkünfte für Selbstversorger

Selbstversorgung spart Restaurantkosten und schafft Flexibilität. Cape Letting (www.capeletting.com) listet Apartments für Selbstversorger. Die meisten Herbergen für Rucksackurlauber besitzen Gemeinschaftseinrichtungen für die Essenszubereitung.

## 10 Nebensaison

In der Nebensaison (Mai bis September) bieten Hotels Kurzentschlossenen günstige Konditionen: Drei-Sterne-Hotelketten wie Protea und City Lodge weisen auf ihren Websites Zimmer für etwa 300 bis 400 Rand aus. Wer online kein günstiges Hotel ergattert, sollte nur für die erste Nacht ein Zimmer buchen und vor Ort Angebote in Hotels erfragen.

Links **12 Apostles Hotel and Spa** Rechts The Grand Daddy

# TOP 10 Luxushotels, Kapstadt

## 1 Mount Nelson Hotel

Das »Nellie«, das prestigeträchtigste Hotel Kapstadts, ist in einem rosafarbenen viktorianischen Gebäude untergebracht und besitzt elegante Zimmer und ein ausgezeichnetes Restaurant. Es bietet grandiose Aussicht. Auf der Veranda wird »High Tea« serviert – Ambiente wie in vergangenen Zeiten. ⊗ Karte P6 • 76 Orange St • (021) 483 1000 • www.mountnelson. co.za • RRRRR

## 2 One & Only Cape Town

Das von zeitgenössischer afrikanischer Atmosphäre geprägte Strandhotel liegt im Zentrum der schicken V&A Waterfront. 40 der 131 Zimmer und Suiten liegen auf einer Insel. ⊗ Karte P2 • Dock Rd, V&A Waterfront • (082) 840 3633 • www.oneandonlyresorts. com • RRRRR

## 3 Derwent House

Das Boutique-Hotel im Herzen der City Bowl bietet Zimmer mit Blick auf den Tafelberg. Die elegante Einrichtung wird durch exzellente Ausstattung mit Dachterrasse, sonnenbeheiztem Pool und Aromatherapie-Anwendungen ergänzt. ⊗ Karte M6 • 14 Derwent Rd • (021) 422 2763 • www.derwent house.co.za • RRRR

## 4 Cape Grace

Das Hotel trägt den Namen zu Recht: Das Cape Grace bietet elegante Zimmer, eine überwältigende Anzahl an Dienstleistungen, schmackhafte Küche der Kapregion und aufmerksamen Service. Einige Zimmer haben einen separaten Balkon. ⊗ Karte Q2 • West Quay Rd, V&A Waterfront • (021) 410 7100 • www. capegrace.com • RRRRR

## 5 Victoria & Alfred Hotel

Das Hotel in einem umgebauten viktorianischen Lagerhaus erhebt sich im Zentrum der V&A Waterfront. Alle Zimmer bieten schöne Aussicht. Suiten im Loft sind teurer als Standardzimmer. ⊗ Karte R3 • Albert Quay • (021) 419 6677 • www.vahotel. co.za • RRRRR

## 6 Westin Grand Cape Town Arabella Quays

Das hochmoderne Hotel in einem Hochhaus an der Waterfront ist v.a. für Geschäftsreisende ausgelegt. Es hat eher nüchternen Charme, aber die Fünf-Sterne-Einrichtungen überzeugen. ⊗ Karte Q3 • 1 Lower Long St • (021) 412 9999 • www.starwoodhotels. com • RRRRR

## 7 Waterfront Village

Das Fünf-Sterne-Hotel besitzt nur Suiten. Die zahlreichen Einrichtungen machen es v.a. bei Familien beliebt. ⊗ Karte Q2 • 4 West Quay Rd, V&A Waterfront • (021) 421 5040 • www.waterfrontvillage. com • RRRR

## 8 The Grand Daddy

Die als Penthouses fungierenden Wohnwagen auf dem Dach sind ohne Zweifel das charmanteste Accessoire des kreativ gestalteten Hotels: Sieben Airstream-Wohnwagen wurden von einheimischen Künstlern eingerichtet. Den Goldilocks und den Three Bears Caravan zum Beispiel gestalteten Mark und Joe Stead. ⊗ Karte P5 • 38 Long Street • (021) 424 7247 • www.granddaddy. co.za • RRRR

## 9 The Bay Hotel

Das elegante Hotel mit der geschwungenen Fassade bietet direkten Zugang zum beliebten Strand von Camps Bay. Die Ausstattung entspricht dem Fünf-Sterne-Standard. Von den Zimmern im oberen Stockwerk hat man traumhafte Sicht auf die Berge. ⊗ Karte H1 • 69 Victoria Rd, Camps Bay • (021) 438 4444 • www.thebay.co.za • RRRRR

## 10 12 Apostles Hotel and Spa

Das prachtvolle Boutique-Hotel an den Atlantischen Ozean abfallenden Hängen des Tafelbergs besitzt fünf Sterne. Es bietet einen exzellenten Service und ein sehr gutes Spa. Das Hotel organisiert Touren durch die von Fynbos-Vegetation geprägte Umgebung an. ⊗ Karte H1 • Victoria Rd, Camps Bay • (021) 437 9000 • www. 12apostleshotel.com • RRRRR

 *Wenn nicht anders angegeben, akzeptieren alle Hotels Kreditkarten und bieten Zimmer mit Bad und Klimaanlage.*

Links **Cape Town Hollow Boutique Hotel** Rechts **Zimmer im Cape Heritage Hotel**

# TOP 10 Mittelklassehotels, Kapstadt

**1 Cape Town Hollow Boutique Hotel**

Das zeitgenössisch eingerichtete Hotel liegt in Gehweite vieler Restaurants, Bars und Clubs. Es verfügt über ein italienisches Restaurant und ein Spa.
Ⓝ Karte P5 • 88 Queen Victoria Street • (021) 423 1260 • www.capetownhollow.co.za • RRR

**2 Cape Heritage Hotel**

Das historische Hotel am Heritage Square besitzt 15 individuell gestaltete Zimmer mit antiken Elementen wie Holzböden und hohe Decken mit Balken. Im Hof befindet sich Südafrikas ältester Weingarten. Ⓝ Karte Q4 • 90 Bree St • (021) 424 4646 • www.capeheritage.co.za • RRR

**3 Cape Diamond Hotel**

Das charmante Hotel im Art-déco-Stil der 1930er Jahre besitzt eine zentrale Lage bei Gardens. Es bietet ein gutes Preis-Leistungs-Verhältnis. Das Restaurant im Erdgeschoss geht auf die Straße hinaus. Ⓝ Karte Q5 • nordöstl. Longmarket St & Parliament St • (021) 461 2519 • kein Frühstück • www.cape diamondhotel.co.za • RR

**4 Townhouse Hotel**

Das Hotel mit 106 Zimmern zu angemessenen Preisen bietet modernen Komfort. Die geräumigen Zimmer sind in Erdtönen und mit viel Holz dekoriert. Ⓝ Karte Q5 • 60 Corporation Rd • (021) 465 7050 • kein Frühstück • www.townhouse.co.za • RRR

**5 Four Rosmead Boutique Guesthouse**

Das Hotel befindet sich in einem eleganten umgestalteten, denkmalgeschützten Gebäude (1903). Die dezente Einrichtung hat eine unverkennbar afrikanische Note, die durch einheimische Kunstobjekte verstärkt wird. Es gibt ein Entspannungszimmer und einen Patio neben dem Pool. Ⓝ Karte N6 • 4 Rosmead Rd • (021) 480 3810 • www.fourrosmead.com • RRR

**6 Winchester Mansions**

Das Haus aus den 1920er Jahren mit einem von Bougainvillas bestandenen Hof liegt an der Küste in Sea Point. Die Zimmer im Erdgeschoss sind im edwardianischen Stil, die in den oberen Stockwerken zeitgenössisch eingerichtet und geräumig. Ⓝ Karte L2 • 221 Beach Rd, Sea Pt • (021) 434 2351 • www.winchester.co.za • RRR

**7 The Peninsula All-Suite Hotel**

Das Art-déco-Hochhaus in Küstenlage bietet fantastische Aussicht. Für Selbstversorger gibt es Apartments und viele Läden in der Umgebung. Zur Ausstattung des bei Familien und Kleingruppen beliebten Hotels zählen ein Pool, eine Dachterrasse und ein kostenloser Shuttle-Service. Ⓝ Karte I4 • 313 Beach Rd, Sea Pt • (021) 430 7777 • www.peninsula.co.za • RRRR

**8 Wilton Manor**

Das Hotel liegt einige Minuten vom Stadtzentrum enfernt in einer ruhigen Gegend von Green Point. Das restaurierte viktorianische Gebäude besitzt einen umlaufenden Balkon, Stuckdecken und Holzböden. Die sieben Doppelzimmer können einzeln oder als Einheit gebucht werden. Ⓝ Karte N2 • 15 Croxteth Rd, Green Pt • (021) 434 7869 • www.fullhouserentals.co.za • RR

**9 Cape Standard**

Das kleine Hotel liegt außerhalb des Stadtzentrums. Die Mischung aus europäischem Minimalismus und dezentem afrikanischen Flair schafft eine helle, geräumige Atmosphäre. Im Garten befindet sich ein Tauchbecken. Die Zimmerpreise sind angemessen. Ⓝ Karte M2 • 3 Romney St, Green Pt • (021) 430 3060 • www.capestandard.co.za • RRR

**10 Villa Rosa**

Das wunderbar restaurierte viktorianische Herrenhaus mit Ziegelfassade beherbergt eine nette Pension. Die Lage nahe dem Stadtzentrum und der Waterfront ist günstig. Ⓝ Karte L4 • 277 High Level Rd, Sea Pt • (021) 434 2768 • www.villa-rosa.com • RR

Die Klassifizierung der Hotels erfolgt in Südafrika durch mehrere anerkannte Verbände.

113

Links »Doctor-and-Nurses«-Zimmer im Daddy Longlegs Mitte **Extreme Hotel** Rechts **Tudor Hotel**

# TOP 10 Preiswerte Hotels, Kapstadt

## 1 Daddy Longlegs

Das im Zentrum des Geschehens an der Long Street gelegene freche Boutique-Hotel lässt sich nicht mit konventionellen Kategorien beschreiben. Die zwölf Zimmer wurden von verschiedenen Künstlern in einzigartiger, wenngleich zuweilen etwas skurriler Weise gestaltet. ☞ Karte D4 • 134 Long St • (021) 422 3074 • www.daddylonglegs.co.za • RR

## 2 Protea Hotel Fire & Ice

Die schwungvolle Einrichtung des Ablegers der Hotelkette Protea spricht junge Gäste an. Es gibt ein hochmodernes Fernsehzimmer, die Designer-Burger-Bar bietet Blick auf den verglasten Pool. Die 130 Zimmer sind gemütlich, aber etwas beengt. ☞ Karte N5 • 198 Bree St • (021) 488 2555 • www.extreme-hotels.com • RRR

## 3 Tudor Hotel

Das Drei-Sterne-Hotel – das älteste im Stadtzentrum – vereint historisches Flair, ansprechende zeitgenössische Einrichtung und gute Ausstattung. Die Zimmer sind individuell gestaltet, das Preis-Leistungs-Verhältnis ist exzellent. ☞ Karte P4 • 153 Longmarket St • (021) 424 1335 • www.tudorhotel.co.za • RR

## 4 Underberg Guest House

Die reizende Pension in einem Farmhaus aus den 1860er Jahren liegt hübsch am Fuß des Tafelbergs. Es gibt elf Zimmer. Zur modernen Ausstattung gehört auch WLAN. Die Lage ist für Erkundungen des Zentrums und der Waterfront ideal. ☞ Karte N5 • 6 Tamboerskloof Rd, Tamboerskloof • (021) 426 2262 • kein Frühstück • www.underbergguesthouse.co.za • RR

## 5 Breakwater Lodge

Die Atmosphäre in dem einstigen Gefängnis ist immer noch streng. Das Hotel liegt einen Steinwurf von der Waterfront entfernt. Die Zimmer sind gemütlich. Es gibt eine gute Gemeinschaftsküche für Selbstversorger. ☞ Karte P2 • Portswood Rd, V&A Waterfront • (021) 406 1911 • kein Frühstück • www.bwl.co.za • RR

## 6 Waterfront City Lodge

Das Hotel der südafrikanischen City-Lodge-Kette bietet preisgünstige Unterkunft in Gehweite zur Waterfront. Das Breakwater (siehe oben) besitzt bei gleichen Kosten eine vorteilhaftere Lage. ☞ Karte Q3 • nordöstl. Alfred Rd & Dock Rd • (021) 419 9450 • kein Frühstück • www.citylodge.co.za • RRR

## 7 Protea Hotel Cape Castle

Das Hotel in Gehweite der Restaurants und Läden an der V&A Waterfront besitzt ausschließlich Suiten. Die 67 komfortablen Apartments haben vollständig ausgestattete Küchen. Jede Suite bietet Blick auf das Meer. ☞ Karte P2 • 3 Main Rd, Green Point • (021) 439 1016 • kein Frühstück • www.proteahotels.com • RR

## 8 De Waterkant Village

Die Anlage in Bo-Kaap nimmt einen Straßenzug ein. Die 80 Unterkünfte für Selbstversorger reichen von schlicht bis elegant. Die Lage ist für Besuche der Boutiquen, Restaurants und Clubs von De Waterkant (am Rand des Wassers) ideal. ☞ Karte P3 • Loader St, De Waterkant • (021) 409 2500 • www.dewaterkant.com • RRR

## 9 Don Suite Hotel

Hinter den Grünanlagen des Hauses erstreckt sich das Meer. Von den Balkonen der Apartments für Selbstversorger ist der Blick bei Sonnenuntergang auf den Atlantik einfach traumhaft. ☞ Karte K3 • 249 Beach Rd, Sea Pt • (021) 434 1083 • www.don.co.za • RR

## 10 Road Lodge

Das schnörkellose Hotel ist das einzige in Flughafennähe. Alle Terminals sind zu Fuß erreichbar. Wer schweres Gepäck bei sich hat, kann auf den günstigen Shuttle-Dienst zurückgreifen (siehe S. 104). ☞ Karte C3 • Cape Town International Airport • (021) 934 7303 • www.citylodge.co.za • R

Kapstadt für wenig Geld siehe S. 107

Steenberg Hotel

**Preiskategorien**

Preis für ein Standard-Doppelzimmer pro Nacht (ohne Frühstück), mit Steuern und Service.

| | |
|---|---|
| R | unter 500 R |
| RR | 500–1000 R |
| RRR | 1000–1500 R |
| RRRR | 1500–2000 R |
| RRRRR | über 2000 R |

# TOP 10 Hotels, Süden & Halbinsel

## 1 Andros Boutique Hotel

Eines der exklusivsten Hotels Kapstadts liegt auf einem 100 Jahre alten, von Sir Herbert Baker gestalteten kapholländischen Gehöft. Die acht Zimmer besitzen Veranden und antike Möbel. Es gibt u. a. einen Fitness-Raum, einen Schönheitssalon und ein von Kerzen beleuchtetes französisches Restaurant. ⊗ *Karte H2 • nordöstl. Newlands & Phyllis, Claremont • (021) 797 9777 • www. andros.co.za • RRRRR*

## 2 Vineyard Hotel & Spa

Das Luxushotel in einer 200 Jahre alten Residenz von Lady Anne Barnard bietet viele unterschiedliche Zimmer. Zu den vier Restaurants zählt eine Sushi-Bar. Es gibt zwei beheizte Swimmingpools. ⊗ *Karte H2 • 60 Colinton Rd, Newlands • (021) 657 4500 • www.vineyard.co.za • RRRR*

## 3 The Cellars-Hohenort

Das elegante Fünf-Sterne-Hotel liegt auf einem an den Kirstenbosch National Botanical Garden grenzenden Anwesen. Die stilvolle Einrichtung hat einen zeitgenössischen Touch. Das Cape Malay, eines der beiden Hotelrestaurants, serviert köstliche Küche des Kaps *(siehe S. 52)*. ⊗ *Karte H2 • 93 Brommersvlei Rd, Constantia • (021) 794 2137 • www.cellars-hohenort. com • RRRRR*

## 4 Constantia Uitsig Hotel

Das Boutique-Hotel mit 16 Zimmern ist in einem kapholländischen Farmhaus auf dem Weingut in Constantia ansässig. Es besitzt drei preisgekrönte Restaurants. ⊗ *Karte H2 • Spaanschemat River Rd, Constantia • (021) 794 6500 • www.uitsig.co.za • RRRRR*

## 5 The Constantia

Das als B & B fungierende Boutique-Hotel bietet fünf gehobene Doppelzimmer und zwei Suiten. Die Einrichtung im ländlichen Stil des Kaps wird durch moderne afrikanische Kunstwerke ergänzt. Mahlzeiten werden auf Anfrage zubereitet, in der Nähe gibt es einige Restaurants. ⊗ *Karte H2 • Spaanschemat River Rd, Constantia • (021) 794 6561 • www.theconstantia.com • RRRRR*

## 6 Steenberg Hotel

Das wunderschöne kapholländische Haus auf dem Weingut Steenberg zieren Reetdach und Giebel. Hier befindet sich auch das renommierte Restaurant Catharina's *(siehe S. 75)*. Gäste können den exklusiven Golfplatz nutzen. ⊗ *Karte H2 • nordöstl. Steenberg & Tokai, Constantia • (021) 713 2222 • www. steenberghotel.com • RRRRR*

## 7 Quayside Hotel

Das preiswerte Vier-Sterne-Hotel gehört zum wunderbar gelegenen Quayside Centre. Die Zimmer sind sehr groß. Der Aufpreis für Räume mit Balkon und Seeblick lohnt. ⊗ *Karte H4 • Jubilee Sq, St George's St, Simon's Town • (021) 786 3838 • www. relaishotels.com • RRR*

## 8 British Hotel Apartments

Das Haus ist für Familien ideal. Die großen Apartments für Selbstversorger in dem viktorianischen Herrenhaus haben kunstvoll gestaltete Balkone, die auf die Küste von Simon's Town hinausgehen. ⊗ *Karte H4 • St George's Rd, Simon's Town • (021) 786 2214 • www.britishhotel apartments.co.za • RRRR*

## 9 Lord Nelson Inn

Das älteste Gasthaus der Kap-Halbinsel bietet gemütliche Unterkunft zu vernünftigem Preis. Die umliegenden Restaurants bieten Abwechslung von der Küche des stilvollen Pubs. ⊗ *Karte H4 • 58 George's St, Simon's Town • (021) 786 1386 • www. lordnelsoninn.co.za • RR*

## 10 Boulders Beach Lodge & Restaurant

Von den 14 Zimmern des am Eingang des Boulders Coastal Park schön gelegenen Hotels sind zwei für Selbstversorger geeignet. Das Restaurant serviert Seafood aus dem Pazifik. ⊗ *Karte H4 • 4 Boulders Pl • (021) 786 1758 • www. bouldersbeach.co.za • RR*

➡ *Wenn nicht anders angegeben, akzeptieren alle Hotels Kreditkarten und bieten Zimmer mit Bad und Klimaanlage.*

Links **Lobby des D'Ouwe Werf** Mitte **Mont Rochelle** Rechts **Wild Mushroom Boutique Hotel**

# TOP 10 Hotels in Städten, Weinregion

## 1 D'Ouwe Werf

Das 1802 auf dem Fundament einer durch Feuer zerstörten Kirche errichtete Hotel ist als ältestes Landgasthaus Südafrikas eine Institution. Die Lage an der historischen Church Street ist vorteilhaft. Das erschwingliche Hotel besitzt Flair. Die Räume sind gut ausgestattet. Das Restaurant serviert gute Kap-Gerichte. ◈ *Karte D2 • 30 Church St, Stellenbosch • (021) 887 4608 • www. ouwewerf.com • RRR*

## 2 Eendracht

Das preisgekrönte Drei-Sterne-Hotel liegt auf einem renovierten Gehöft (18. Jh.). Die meisten der zwölf Zimmer haben Balkone mit Blick zur historischen Dorp Street. Es gibt einen Salzwasserpool und ein Café. ◈ *Karte D2 • 161 Dorp St, Stellenbosch • (021) 883 8843 • www. eendracht-hotel.com • RRR*

## 3 Protea Hotel Dorpshuis & Spa

Das gemütliche Boutique-Hotel mit Vier Sternen liegt am ruhigen Ende der historischen Dorp Street. Die 28 Zimmer sind mit antiken Möbeln eingerichtet. Im schattigen Garten liegt ein Pool. ◈ *Karte D2 • 22 Dorp St, Stellenbosch • (021) 883 9881 • www. dorpshuis.co.za • RRR*

## 4 Batavia Boutique Hotel

Die Ausstattung der fünf Zimmer mit orientalischen Teppichen, Möbeln aus Straußenleder und klassizistischen Gemälden evoziert die Atmosphäre eines Gasthauses der Niederländischen Ostindien-Kompanie (siehe S. 34). ◈ *Karte D2 • 12 Louw St, Stellenbosch • (021) 887 2914 • www.bataviahouse. co.za • RRR*

## 5 Wild Mushroom Boutique Hotel

Die sechs Suiten des eleganten Boutique-Hotels sind in fantasievoller Weise gestaltet: Jede hat eine andere Pilzsorte zum Thema. Das Hotel besitzt einen bezaubernden Garten und einen Swimmingpool. ◈ *Karte D2 • 39 Digteby Estate, Vlottenburg Rd, Stellenbosch • (021) 886 9880 • www.wildmushroom. co.za • RRR*

## 6 Tulbagh Hotel

Das kleine, familienbetriebene Hotel liegt im historischen Zentrum von Tulbagh. Die geräumigen Zimmer mit Holzböden sind elegant eingerichtet. Das dem Haus angeschlossene keltische Pub Shamrock and Thistle ist bei Urlaubern wie Einheimischen beliebt. ◈ *Karte H3 • 22 Van der Stel Street, Tulbagh • (023) 230 0071 • www. tulbaghhotel.co.za • RR*

## 7 Le Quartier Français

Das erstklassige Fünf-Sterne-Hotel ist v.a. für die vorzüglichen Restaurants The Tasting Room und iCi bekannt. Die großen Zimmer mit Hartholzmöbeln gruppieren sich um einen begrünten Hof und Pool. ◈ *Karte F2 • 16 Huguenot Rd, Franschhoek • (021) 876 2151 • www.lequartier.co.za • RRRRR*

## 8 Mont Rochelle

Das Fünf-Sterne-Hotel in klassisch kapholländischem Stil entstand auf dem Weingut Mont Rochelle anstelle des niedergebrannten Hotels Le Couronne. Es bietet fantastischen Blick auf Franschhoek. Die Zimmer und Suiten sind elegant. Es finden Weinproben statt. ◈ *Karte F2 • Dassenberg Rd, Franschhoek • (021) 876 2770 • www.montrochelle. co.za • RRRRR*

## 9 Auberge La Dauphine

Die Pension auf dem Weingut Auberge La Dauphine bietet ländliche Atmosphäre. Die sechs Zimmer sind nach Rebsorten benannt. An dem hoteleigenen Wehr kann man Karpfen fischen. ◈ *Karte F2 • Verdun Rd, Franschhoek • (021) 876 2606 • www. ladauphine.co.za • RR*

## 10 Grand Roche

Das Hotel am Stadtrand Paarls zählt zu den besten der Weinregion. Das reizende kapholländische Herrenhaus ist ein nationales Wahrzeichen. Die 34 eleganten Suiten bieten traumhafte Sicht. ◈ *Karte E1 • Plantasie St, Paarl • (021) 863 5100 • www.granderoche.co.za • RRRRR*

Stellenbosch Lodge

## Preiskategorien

| Preis für ein Stan-dard-Doppelzimmer pro Nacht (ohne Früh-stück), mit Steuern und Service. | | |
|---|---|---|
| | R | unter 500 R |
| | RR | 500–1000 R |
| | RRR | 1000–1500 R |
| | RRRR | 1500–2000 R |
| | RRRRR | über 2000 R |

# TOP 10 Hotels auf dem Land, Weinregion

**1 Devon Valley Hotel**
Das beliebte Vier-Ster-ne-Landhotel auf dem Sylvanvale-Anwesen bietet fantastische Aussicht und edwardianisches Flair. Geführte Wanderungen zu den umliegenden Weingütern werden angeboten. Das Flavour Restaurant ist preisgekrönt. ⊛ Karte D2 • Devon Valley Rd, nahe Stellenbosch • (021) 865 2012 • www.devonvalley hotel.com • RRR

**2 Lanzerac**
Mittelpunkt des prestigeträchtigen Hotels am Stadtrand Stellenboschs ist ein 300 Jahre altes kapholländisches Herrenhaus. Die Fünf-Sterne-Ausstattung bietet jeden nur erdenklichen Luxus. ⊛ Karte E3 • Lanzerac Rd • (021) 886 5641 • www.lanzerac. co.za • RRRRR

**3 Kleine Zalze Lodges**
Das Gasthaus in einem Eichenwäldchen auf dem Weingut Kleine Zalze ist mit dem Auto von Stellenbosch aus in zehn Minuten erreichbar. Die meisten der gemütlichen Zimmer sind für Selbstversorger geeignet. Das Restaurant Terroir reicht feine provenzalische Speisen. ⊛ Karte D3 • Technopak Rd (abseits der R44), Stellenbosch • (021) 880 0740 • www. kleinezalze.co.za • RRR

**4 Stellenbosch Lodge**
Das Vier-Sterne-Hotel befindet sich auf dem Wein-gut Blaauwklippen südlich von Stellenbosch. Das reet-gedeckte Haus ist eine Nachbildung kapholländischer Bauten. Die 53 Zimmer sind funktionell eingerichtet. Spezialität des Restaurants sind traditionelle Kap-Gerichte. ⊛ Karte D3 • Canterbury Rd, Blaauwklippen • (021) 888 0100 • www.stblodge. co.za • RR

**5 Spier Hotel**
Das innovative Vier-Sterne-Hotel auf dem Spier Wine Estate in der Nähe Stellenboschs bietet Blick auf den Eerste. Die außergewöhnliche Einrichtung verbindet afrikanische Themen mit Pop-Art. Die Lage ist für die Erkundung anderer Weingüter ideal. ⊛ Karte D3 • Spier Wine Estate • (021) 809 1100 • www.spier.co.za • RRRR

**6 Zevenwacht Country Inn**
Die gemütliche Pension liegt an einem Hang des Weinguts Zevenwacht. Die klimatisierten Suiten haben eigene Terrassen. An klaren Tagen reicht der Blick bis zur Table Bay. Es gibt ein Clubhaus, einen Pool, einen Spielplatz und ein exzellentes Restaurant. ⊛ Karte C3 • Langerver-wacht Rd, Stellenbosch • (021) 903 5123 • www. zevenwacht.co.za • RRR

**7 Papyrus Lodge**
Auf der Anlage an einem malerischen See unterhalb des Helderbergs übernachten Gäste in Holz-häusern, die ins Wasser gebaut wurden. Die näher zum Ufer hin gelegenen Suiten sind in kapholländischem Stil eingerichtet. ⊛ Karte D3 • Winery Rd, nahe Stellenbosch • (021) 842 3606 • www. papyruslodge.co.za • RRR

**8 Alluvia**
Die auf dem gleichnamigen Gut auf dem Helshoogte Pass gelegene exklusive Unterkunft besteht aus fünf elegant eingerichteten Ferienhäusern für Selbstversorger. Weinproben sind den Gästen vorbehalten. Man kann Angeln und Golf spielen. ⊛ Karte E2 • Helshoogte Pass • (021) 885 1661 • www.alluvia.co.za • RRRR

**9 Eikendal Lodge**
Das mit Wein bewachsene Haus liegt in den Weingärten des Guts Eikendal. Es gibt ein gutes Restaurant und naturheilkundliche Anwendungen. ⊛ Karte D3 • R44 südl. von Stellenbosch • (021) 855 3617 • www.eikendal.com • RRR

**10 Lekkerwijn Homestead**
Das kapholländische Giebelhaus wurde im frühen 18. Jahrhundert im Groot Drakenstein Valley erbaut. In den schattigen Gärten vor den klassisch eingerichteten Räumen stolzieren Pfaue und Perlhühner um den Pool. ⊛ Karte E2 • Groot Drakenstein Valley • (021) 874 1122 • www. lekkerwijn.com • RR

→ Attraktionen in Stellenbosch siehe S. 28f

Links **Kagga Kamma Private Reserve** Mitte **Cliff Lodge** Rechts **Lambert's Bay Hotel**

# TOP 10 Hotels rund um die Weinregion

### 1 The Marine Hermanus

Das exklusivste Hotel in Hermanus verfügt über 42 Zimmer und Suiten. Von der Veranda kann man Wale beobachten. Zur Ausstattung gehören ein Spa, ein beheizter Swimmingpool, ein Gezeitenbecken, eine Internet-Lounge und zwei vorzügliche Seafood-Restaurants. 🔊 *Karte U5 • Marine Drive, Hermanus • (028) 313 1000 • RRRRR*

### 2 Misty Waves Boutique Hotel

Das großartige, auf Klippen gelegene Hotel hat zwei Stockwerke. Es bietet u. a. eine gemütliche Lounge, einen nierenförmigen Pool und ein Jacuzzi auf der Dachterrasse. Von den Veranden kann man hervorragend Wale beobachten. Die Küche serviert exzellentes Seafood. 🔊 *Karte U5 • 21 Marine Drive, Hermanus • (028) 313 8460 • www.hermanus mistybeach.co.za • RRRRR*

### 3 Abalone Guest Lodge

Die Lage der anheimelnden Pension am Sievers Point ist ideal für Spaziergänge auf den Klippen, Walbeobachtung und die Erkundung der Stadt. 🔊 *Karte U5 • 306 Main Rd, Hermanus • (044) 533 1345 • www.abalonelodge.co.za • RRR*

### 4 Cliff Lodge

Die preisgekrönte Pension besitzt eine fantastische Lage auf den Klippen nahe Gansbaai. Gäste genießen wunderbare Aussicht. Die vier Zimmer sind groß. Es gibt einen Wintergarten sowie eine Terrasse mit Meerblick und einem Tauchbecken. 🔊 *Karte U6 • De Kelders, Gansbaai • (028) 384 0983 • www. clifflodge.co.za • RRR*

### 5 Agulhas Country Lodge

Alle sieben Zimmer der familiengeführten Pension auf einem Hügel über dem südlichsten Punkt Afrikas bieten grandiose Aussicht. Hier ist mit das beste Seafood an der Südküste erhältlich. 🔊 *Karte V6 • Main Rd, L'Agulhas • (028) 435 7650 • www.agulhas countrylodge.com • RRRR*

### 6 De Hoop Cottages & Lodges

In dem schönen Naturschutzgebiet befinden sich verschiedene Häuser für Familien und Unterkünfte für Selbstversorger. Die Preise sind vernünftig. Da es in der Umgebung keine Läden und Restaurants gibt, muss man Proviant mitbringen. 🔊 *Karte W5 • De Hoop Nature Reserve • (021) 659 3500 • www. capenature.co.za • R*

### 7 Kagga Kamma Private Reserve

Die luxuriöse Pension ist für die zahlreichen Felszeichnungen in der Umgebung bekannt. Führungen zu Felszeichnungen werden ebenso angeboten wie Safaris zur Erkundung der heimischen Flora und Fauna. Zur Ausstattung gehören u. a. ein in den Felsen integrierter Pool und ein Restaurant mit südafrikanischer Küche. 🔊 *Karte U3 • Ceres • (021) 872 4343 • www.kagga kamma.co.za • RRRRR*

### 8 Protea Hotel Saldanha Bay

Das unprätentiöse Haus der Hotelkette Protea liegt am Wasser der Saldanha Bay. Es bietet viele Einrichtungen und eignet sich als Basis für die Erkundung des West Coast National Park. 🔊 *Karte S3 • Sib, Saldanha Bay • (022) 714 1264 • kein Frühstück • www. proteahotels.com • RRR*

### 9 Farr Out B & B

Das Haus besitzt eine schöne Lage in Paternoster. Zwei der vier Zimmer haben Balkone mit Seeblick. Für den Besuch der Attraktionen von Cape Columbine ist die Lage ideal. 🔊 *Karte S2 • 17 Seemeeusingel, Paternoster • (022) 752 2222 • www.madein paternoster.co.za • RR*

### 10 Lambert's Bay Hotel

Die Preise für die Zimmer des am idyllischen Fischerhafen von Lambert's Bay hübsch gelegenen Hotels sind attraktiv. In dem für Seafood bekannten Restaurant genießt man die besten mit Weinen der Westküste. 🔊 *Karte S1 • 72 Voortrekker Rd, Lambert's Bay • (027) 432 1126 • www.lamberts bayhotel.co.za • RR*

**Preiskategorien**

| Preis für ein Stan- | | |
|---|---|---|
| dard-Doppelzimmer | **R** | unter 500 R |
| pro Nacht (ohne Früh- | **RR** | 500–1000 R |
| stück), mit Steuern | **RRR** | 1000–1500 R |
| und Service. | **RRRR** | 1500–2000 R |
| | **RRRRR** | über 2000 R |

Cat & Moose Backpackers

# TOP 10 Herbergen für Rucksackurlauber

### 1 Long Street Backpackers

Von dem ältesten und vielleicht besten Hotel für Rucksackurlauber an der Long Street sind angesagte Clubs leicht erreichbar. Für alle, die mitten im Stadtgeschehen übernachten wollen, ist dies eine sichere und lebendige Unterkunft. ✆ *Karte P5 • 209 Long St • (021) 423 0615 • kein Frühstück • www. longstreetbackpackers.co.za • R*

### 2 Cat & Moose Backpackers

Die Herberge an der Long Street besteht seit Langem. Das 200 Jahre alte Gebäude besitzt Holzböden und afrikanisches Dekor. Hier finden heiße Partys statt, man kann in dem Gebäude aber auch angenehm entspannen. ✆ *Karte Q4 • 305 Long St • (021) 423 7638 • kein Frühstück • www.catand moose.co.za • R*

### 3 Ashanti Lodge

Das Hotel verbindet elegante Einrichtung mit entspannter Partyatmosphäre. Es sind leichte Mahlzeiten und Drinks erhältlich. Die große Terrasse bietet fantastische Sicht auf den Tafelberg. ✆ *Karte P6 • 11 Hof St, Gardens • (021) 423 8721 • kein Frühstück • www. ashanti.co.za • R*

### 4 The Backpack

Das Backpack zählt in Südafrika zu den ältesten Herbergen für Rucksack-

urlauber. Neben Standardzimmern und Schlafsälen gibt es sehr komfortable Unterkünfte. Das Reisebüro ist in der Organisation von Ausflügen sehr erfahren. ✆ *Karte N5 • 74 New Church St, Tamboerskloof • (021) 423 4530 • kein Frühstück • www. backpackers.co.za • R*

### 5 St John's Waterfront Lodge

Die gut geführte Herberge im Stadtteil Green Point liegt nahe der V & A Waterfront. Nachts sollte man den Weg nicht zu Fuß gehen. Ein Bus fährt in die Stadtmitte. ✆ *Karte P2 • 6 Braemar Rd, Green Pt • (021) 439 1404 • kein Frühstück • www.stjohns. co.za • R*

### 6 Simon's Town Backpackers

Das schlichte Hotel wendet sich an Reisende, die viele Aktivitäten im Freien unternehmen. Die Pinguinkolonie am Boulders Beach und Seaforth liegen in Gehweite, zahlreiche Restaurants in der Nähe. ✆ *Karte H4 • 66 St George's St • (021) 786 1964 • kein Frühstück • www.capepax. co.za • R*

### 7 Stumble Inn

Das Hotel ist wegen der Lage nahe der historischen Dorp Street günstig für die Besichtigung des Stadtzentrums. Es gibt einen Pool und eine TV-Lounge. ✆ *Karte P2 • 12 Market St, Stellenbosch • (021) 887 4049*

*• kein Frühstück • www. jump.to/stumble • R*

### 8 Otter's Bend

Das recht junge Hotel in hübscher Lage füllt eine Lücke im Hotelangebot Franschhoeks. Von hier aus lassen sich viele Aktivitäten im Freien unternehmen. Die Restaurants in Franschhoek sind teuer, aber gut. ✆ *Karte F2 • Dassenberg Rd, Franschhoek • (021) 876 3200 • kein Frühstück • www. ottersbendlodge.co.za • R*

### 9 Hermanus Backpackers

Die lebendige Herberge biete viele verschiedene Zimmerarten. Aktivitäten wie Käfigtauchen mit Haien in Gansbaai, Klippenwanderungen und Weinproben an der wenig bekannten Walker-Bay-Weinstraße werden angeboten. ✆ *Karte U5 • 26 Flower St, Hermanus • (028) 312 4293 • www.hermanus backpackers.co.za • R*

### 10 The Beach Camp

Die ideale Unterkunft für Outdoor-Fans bietet eine schlichte Unterbringung in Zelten und Nurdachhäusern. Attraktionen sind Kajaktouren auf dem Meer, Führungen durch das Naturschutzgebiet, Sandstrände, Küsten-*Fynbos*, Wildblumen und frisches Seafood. ✆ *Karte S2 • Cape Columbine Nature Reserve, Paternoster • (082) 926 2267 • kein Frühstück • www.ratrace. co.za • R*

*Fast alle Herbergen für Rucksackurlauber bieten Unterbringung in Schlafsälen für weniger als 100 Rand pro Person.*

# Textregister

**Textregister**

Textregister

# Danksagung & Bildnachweis

**Autor**
Philip Briggs wurde in Großbritannien geboren und wuchs in Johannesburg auf. Er ist Autor zahlreicher Reiseführer über Afrika und liefert regelmäßig Beiträge für Magazine wie *Travel Africa*, *Africa Geographic*, *Wanderlust* und *BBC Wildlife*.

**Fotografien**
Tony Souter

BEI DORLING KINDERSLEY

**Publisher**
Douglas Amrine

**List Manager**
Christine Stroyan

**Managing Art Editor**
Mabel Chan

**Senior Editor**
Sadie Smith

**Project Designers**
Paul Jackson, Shahid Mahmood

**Senior Cartographic Editor**
Casper Morris

**Senior Cartographic Designer**
Suresh Kumar

**Cartographer**
Zafar-ul-Islam Khan

**DTP Operator**
Natasha Lu

**Production**
Linda Dare

**Fact Checker**
Loren Minsky

**Revisions**
Emma Anacootee, Andrew Baranowski, Sam Merrell, Sonal Modha

**Bildnachweis**
o=oben; om=oben Mitte; or=oben rechts; mlo=Mitte links oben; mo=Mitte oben; mro=Mitte rechts oben; ml=Mitte links; m=Mitte; mr=Mitte rechts; mlu=Mitte links unten; mu=Mitte unten; mru=Mitte rechts unten; ul=unten links; um=unten Mitte; ur=unten rechts.

Wir haben uns bemüht, alle Urheber zu ermitteln, und entschuldigen uns für eventuelle, unbeabsichtigte Auslassungen. Gern werden wir die entsprechenden Angaben in künftige Auflagen aufnehmen.

DORLING KINDERSLEY dankt den folgenden Personen und Institutionen für die freundliche Genehmigung zur Reproduktion ihrer Fotografien:

AGULHAS COUNTRY LODGE: Melanie Cleary 99ol.
ALAMY: AfriPics.com 48ol; Fabrice Bettex 55ol; Danita Delimont 36u, 43ol; Danita Delimont/Cindy Miller Hopkins 92f; David Sanger Photography 1m; Martin Harvey 12u; Kari Herbert 89ol; Fried von Horsten 40u; Pierre Logwin 34u; Eric Nathan 88ol; Bernard O'Kane 54o; Pictures Colour Library 6mo; Frances Roberts 35ol; Grant Rooney 54ur; Steve Allen Travel Photography 18f m; Peter Titmuss 7ul, 12mlu.
ANNETTE ASHLEY & ASSOCIATES: 68ol.
CLIFF LODGE: 118om.
CORBIS: Franz-Marc Frei 56f; Gallo Images/Paul Velasco 34of; John Hicks 28f m; Hoberman Collection 12f m; Hulton-Deutsch Collection 34or; Mark A. Johnson 32f; Henrik Trygg 49o.
EPA: Nic Bothma 3ur, 46ur, 48ur.
IMAGES OF AFRICA: Shaen Adey 40or, 94mr; Nigel Dennis 97ol; Hein von Horsten 83or; Lanz von Horsten 3or, 76or, 94o; Walter Knirr 77ol, 94ml; Peter Pickford 40m.
KAGGA KAMMA PRIVATE GAME RESERVE: 118ol.
LAMBERT'S BAY HOTEL: 118or.
RABBIT IN A HAT PR: 112or.
REUTERS: Howard Burditt 46om.
VISAGE MEDIA SERVICES: Getty Images/Frans Lemmens 24f m.
IAN WEBB: 49ur.

UMSCHLAG:
Vorderseite: 4CORNERS IMAGES SIME/Grafenhain Gunter Hauptbild; ALAMY IMAGES picturescolourlibrary ul.

Buchrücken: DK IMAGES Shaen Adey D.

Rückseite: DK IMAGES Shaen Adeyor, Tony Souter om; GETTY IMAGES Walter Bibikow ol.

Alle anderen Bilder
© Dorling Kindersley.
Weitere Informationen unter
**www.dkimages.com**

# Straßen- & Ortsverzeichnis (Auswahl)